Génération Gueule de Bois

Raphaël Glucksmann

Génération Gueule de Bois

Manuel de lutte contre les réacs

Æ

Allary Éditions

Pour Eka et Alexandre

Introduction

Nous sommes tous des flics juifs arabo-martiniquais dessinateurs libertaires de prophètes clients de supérette kasher. Clarissa, Stéphane, Ahmed, Yoav ou Franck : nos prénoms, nos origines diverses, nos fois ou nos absences de foi, nos idéaux et nos manques de repères forgent notre carte d'identité nationale.

Jusqu'au 7 janvier 2015, nous vivions nos libertés, nos mélanges, nos irrévérences comme on respire, sans conscience particulière ni attention spécifique. Nous les pensions naturels, évidents, normaux. Ils ne l'étaient pas et, désormais, nous le savons. Nous sommes une construction idéologique, politique, sociale qui peut se déliter à tout instant si elle n'est pas défendue, cultivée, renforcée. Rien ne nous a préparés au combat et pourtant nous devrons lutter.

*

Venus au monde un soir de novembre 1989 où furent célébrées la mort des idéologies et la disparition des périls, nous étions la génération vernie, celle qui ne connaîtrait la guerre ni chaude ni froide, ignorerait les grandes batailles philosophiques, oublierait les clashs politico-religieux des temps passés. Le mur de Berlin tombé, un McDonald's ouvrit sur la place Rouge et un professeur américain, Francis Fukuyama, devint une star planétaire en proclamant la Fin de l'Histoire et en nous couronnant « derniers hommes ».

Nos parents et nos grands-parents avaient vaincu le nazisme, le fascisme, le communisme, les religions, les idéologies, les nations aussi, et les États avec elles. Dieu enfin, et la mort avec Lui. Les communautés nationales, ethniques ou religieuses allaient se dissoudre dans une acculturation planétaire émancipatrice, les individus se débarrasseraient des contraintes et des carcans, des églises et des partis, du temps et de l'espace, pour former une société globale libre et pacifiée. Monades sans portes ni fenêtres, nous étions promis à une existence en apesanteur, sans heurts, et, dans la galerie des glaces qui nous servirait d'univers, chacun contemplerait dans l'autre sa propre perfection.

Des fées bienveillantes – Erasmus, Schengen, Maastricht, Steve Jobs, Bill Gates et tant d'autres – avaient dessiné pour nous un horizon de progrès et de jouissances, sans fil ni frontière : « Le Marché Commun, le droit d'ingérence, le Club Med, l'euro, Internet,

Ryanair, l'iPhone, l'iPad, Facebook et Twitter feront de toi un être comblé, tu sauras tout, tu seras tout.» «On» nous avait sortis de la caverne et «on» avait bâti pour nous une nouvelle Thélème, avec ces mots peints de toutes les couleurs à l'entrée : «Fais ce que voudras.» Nous y avons cru.

Vingt-cinq ans plus tard, nous avons la gueule de bois. Le 7 et le 9 janvier 2015, une partie de nous-mêmes est morte dans les locaux de *Charlie Hebdo* puis au milieu des étals d'une supérette kasher. Le terrorisme ne fut pas «aveugle». En tirant sur Charb et ses amis, les djihadistes ont tué les plus libres d'entre nous. Et, avec eux, notre insouciance. En massacrant le jeune Yoav et ses frères de misère, ils ont visé le vivre ensemble qui caractérise nos sociétés ouvertes et dont les Juifs sont, bien malgré eux, devenus la jauge au cours des siècles. Nous avons perdu notre virginité rue Nicolas-Appert et Porte de Vincennes. Le palais post-moderne dans lequel nous avons grandi s'est effondré sur et dans nos têtes.

Depuis quelque temps déjà, sa toiture fuyait, son sol bougeait, ses murs craquaient. «Fais ce que voudras» ne voulait plus rien dire. L'année 2014 refermait la fable ouverte en 1989 : les tanks russes déboulaient en Ukraine, mettant à bas le système européen de sécurité, YouTube faisait une overdose de décapitations médiévales venues d'Irak et de Syrie, pour certaines fièrement exécutées par des citoyens européens, des jeunes chantaient «Juifs assassins!» ou «On est pas des pédés!»

dans les rues de Paris, les électeurs du Vieux Continent rejetaient massivement l'Union européenne, le Front national devenait le premier parti de France, Marine Le Pen se voyait à l'Élysée dans deux ou sept ans sans que personne ne trouvât plus cela absurde... Loin d'être anecdotiques ou sans rapport les uns avec les autres, pareils coups de tonnerre faisaient sens, pris dans leur ensemble.

Jamais, depuis 1945, la démocratie libérale ne fut si contestée au cœur même d'un Occident qui devait en assurer le triomphe planétaire. Un ancien agent du KGB, Vladimir Poutine, a fermé le McDo de la place Rouge et l'Histoire n'a pas pris fin. Au contraire, un affrontement hybride, global et équivoque a commencé. Il traverse les continents, prend différentes formes et revêt les habits les plus divers.

Les adversaires de la société ouverte ne se ressemblent pas et bien souvent se haïssent. Rien de commun, apparemment, entre le prêcheur salafiste qui arme idéologiquement les terroristes de Vincennes ou Toulouse et Marine Le Pen qui, plus rapidement que les autres, trouve les mots après l'horreur pour condamner le « fondamentalisme islamiste ». Pas le moindre rapport, à première vue, entre Vladimir Poutine, décrochant – parmi les premiers là aussi –, son téléphone pour assurer les Américains de son soutien le 11 septembre 2001 et Al-Bagdadi prônant le califat planétaire. Tout les oppose. Tout, sauf une aversion partagée pour le monde qui nous a vus naître et que nous pensions universel. Tout, sauf le rejet de nos principes cosmopolites et démocratiques, de nos modes de vie, de nos errances et de nos licences. Tout, sauf ce qui constitue à nos yeux l'essentiel.

De Mossoul à Moscou en passant par Paris, nous assistons à la résurgence spectaculaire d'acteurs réactionnaires, religieux ou laïques, que l'on croyait morts et enterrés depuis bien longtemps. Les fanatismes, les nationalismes, les idéologies du repli sont entrés en *guerres* – le pluriel importe ici car il nous faut malheureusement apprendre à compter plus loin que deux – contre la « Babylone globale », un monde où l'on rit des rois et des prophètes, des diables et des dieux, où l'on ne présente pas son arbre généalogique pour dire bonjour, où l'on baise qui l'on veut, comme on veut, quand on veut, un monde sans autre identité que celle que l'on choisit, pour un temps, avant d'en changer. Le monde de « Charlie ». Dans ces offensives concomitantes et non concertées, certains utilisent les armes, d'autres manient les concepts et portent un discours public.

Les prêcheurs islamistes parlent et les Kouachi passent à l'acte. Rien de semblable à l'extrême droite ? C'est oublier les 77 morts d'Oslo et d'Utoya le 22 juillet 2011. Anders Breivik achevant un à un des adolescents norvégiens en leur criant d'aller se mélanger avec leurs amis arabes dans l'au-delà n'est pas moins terroriste que les djihadistes de janvier 2015. Comme eux, il agit au nom d'une idéologie. Comme eux, il vise notre société multiculturelle dont la social-démocratie scandinave est censée fournir un modèle abouti. Il s'en explique dans un document de 1 500 pages, publié le jour de l'attentat, où se mêlent les références classiques de l'extrême droite contemporaine, de la fascination pour Poutine à la haine du métissage.

Toute lecture binaire ou linéaire – l'Occident contre l'islamisme – des guerres à venir nous précipiterait dans l'abîme. Si la théorie de la Fin de l'Histoire est réduite en cendres, celle du clash des civilisations ne fonctionne pas plus. Les terroristes islamistes n'ont pas attaqué Notre-Dame, mais *Charlie Hebdo*. Non pas un autre sacré, une autre identité figée, mais la négation du sacré, le rejet des identités univoques. La même cible que Breivik. Les conflits contemporains traversent des sociétés, des cultures, des « civilisations » que ne sépare plus aucune frontière étanche. Ils font rage au sein de l'islam, au cœur de l'Occident, en Afrique, en Asie. Ils sont parfois militaires, toujours politiques.

Quand des jeunes citoyens français massacrent les dessinateurs d'un journal satirique ou, trois ans auparavant, les enfants d'une école juive, la première réponse est évidemment policière. Mais les attentats de janvier 2015 et de mars 2012 ne sont pas les faits d'un réseau de malfrats guidés par l'appât du gain. Ils sont motivés par une idéologie qu'il faut savoir nommer pour pouvoir la combattre : l'islamisme. Ils ont lieu dans une société désarçonnée, doutant de ses institutions comme de ses principes, déjà tentée par le repli sur soi, séduite par les sirènes de l'extrême droite. Un cercle vicieux, dans lequel des fantasmes identitaires opposés se nourrissent l'un l'autre, menace la République.

Le sursaut civique, éthique, intellectuel est vital. Les massives manifestations spontanées qui ont suivi le massacre de *Charlie Hebdo* et de l'Hyper Cacher ne sont qu'un début, une insurrection des consciences qu'il nous faut maintenant traduire conceptuellement, socialement, politiquement. Le silence digne de nos marches doit produire ses propres mots, son propre récit, sa propre geste. Pour ne pas laisser le ping-pong entre les islamistes et le Front national enterrer la France de Voltaire, Montaigne, Rabelais, la France de la Révolution, de *Charlie*, de Brassens, une nation qui peut être chrétienne, juive, musulmane, athée ou quoi que ce soit d'autre, précisément parce qu'elle n'est rien de tout cela de façon univoque, parce qu'elle est quelque chose de plus ou de moins : une république laïque, ouverte, libre, une construction collective et non un amoncellement de racines ou une juxtaposition d'essences.

Le double défi qui nous est lancé exige une réponse de fond. Face aux tentations islamistes et xénophobes, nous devons transformer nos sentiments vaguement humanistes, notre attachement fainéant à la liberté, nos paresseuses intuitions mondialistes en une vision, un projet, une idéologie. Le réveil a sonné. Notre génération endormie par les fables de Wall Street ou Stanford sur la globalisation heureuse est sommée de descendre dans l'arène.

*

N'idéalisons pas le sommeil dont nous sommes si brutalement extirpés. « On » nous avait dit que nous étions libres et nous avions répondu à coups de miradors et de barbelés, de murs et de Valium. Nous étions « sans-frontières » et notre club d'élus était gardé 24 heures sur 24 par des videurs surarmés, repoussant les gueux prêts à mourir en Méditerranée pour en forcer l'entrée. Nous avions tout pour être heureux et nous battions des records de consommation d'antidépresseurs. Nous avions transformé l'émancipation de l'espèce en manne pour les entreprises pharmaceutiques et le BTP.

Tout était à portée de main et nous n'accordions de prix à rien. Il était interdit d'interdire et nous étions sages comme des images. « Fais ce que voudras » avait donné naissance au principe de précaution. Les grands périls évaporés, le moindre risque devint l'ennemi. N'ayant plus rien à craindre, nous avions peur de tout. Nous avions gommé les aspérités de nos vies à tel point que nous doutions de notre existence.

Nous avions droit à *Charlie Hebdo*, mais nous ne l'achetions plus. Pour nous, il était là depuis toujours, pour toujours : pourquoi donc se rendre dans un kiosque ? En décembre 2014, Charb me confiait dans une loge d'Arte : « J'envisageais un attentat, mais une médiocre question de budget risque d'avoir notre peau. » Les balles des fous de Dieu lui donnèrent tort, mais *Charlie Hebdo*, la pointe la plus aiguisée de notre liberté commune, était d'abord menacé par notre indolence. Nous étions apathiquement libres. Un énoncé incohérent, une contradiction logique.

L'adversité – ou la prise de conscience que l'adversité existe, irréductible – peut nous sortir de notre aboulie, rendre ces existences dont nous doutions « authentiques », telle la rencontre de la mort selon Heidegger. Il n'y a plus le choix. Si nous voulons préserver ce que nous pensions acquis, faire vivre ce que nous croyions inné, il est temps d'échanger nos fringues postmodernes pour des bleus de chauffe, de cesser de croire au laisser-faire, laissez-passer.

Sommes-nous armés pour cela ? Peut-on avoir grandi en Europe de l'Ouest dans les années 1980, 1990 ou 2000 et trouver en soi les ressources intellectuelles, psychiques, physiques nécessaires à la lutte ? « L'hiver arrive », dit la série *Game of Thrones* : sommes-nous équipés pour les grands froids qui s'annoncent et leurs cortèges de zombies plus fachos les uns que les autres ?

Nous sommes habillés pour un printemps éternel et nous devons commencer par nous mettre à nu. À Sciences Po ou à la fac, dans nos journaux du matin et nos livres de chevet, nous avons appris qu'il fallait être « pragmatiques ». Lisant Max Weber à la hache, nos professeurs, nos élus, nos éditorialistes nous ont inculqué « l'éthique de responsabilité » et nous ont mis en garde contre son opposé, « l'éthique de conviction », autre nom de l'« idéalisme » ou du fanatisme. Ils nous ont dit de faire place à « la complexité du réel », nous ont vaccinés contre les tentations « dogmatiques » et les passions « manichéennes » des cœurs barbares et des âmes primitives. Nous savons déconstruire, analyser, interpréter, garder nos distances et notre balance : en un mot, sophistiquer.

Le résultat est éloquent : nous sommes si évolués que nous sommes incapables des pensées ou des désirs les plus simples. Nous faisons tellement place à la complexité du réel qu'il nous est impossible de formuler la moindre vision ou d'assumer le moindre choix. Nous sommes si intelligents que nous ne savons plus *trancher*. Nos concepts sont émoussés et encore avons-nous peur de nous couper en les utilisant. Nous vivons dans un monde de mots, d'interprétations, d'interprétations des interprétations, et pourtant, lorsque la crise arrive, les mots nous manquent, nous ne parvenons plus à rien interpréter. Pour comprendre, faire face, survivre dans la tempête qui se lève, il nous faut d'abord désapprendre ce que nous avons appris, revenir au point de départ, emprunter une autre voie : celle des convictions.

Avec la langue du siècle, nous devons reformuler nos principes, réaffirmer un projet commun, redonner corps et vie aux idées de liberté, de laïcité, de tolérance, qui ne peuvent subsister sans conscience ni passage à l'acte. Si nous ne renouons pas le fil du grand récit des Lumières avec les mots de notre temps, nous laisserons mourir le monde de Voltaire et de *Charlie*, notre monde. Si nous n'éveillons plus le désir d'agir et de penser en démocrate, nous nous réveillerons bientôt dans un pays, une civilisation fort différents. Les quatre millions de citoyens descendus dans les rues le 11 janvier 2005 sont un début. Le combat ne fait que commencer.

*

J'ai quitté la France à vingt ans. Je voulais raconter, écrire, filmer ce monde où l'on continuait à vivre, croire et mourir comme si *La Fin de l'Histoire et le Dernier Homme* n'avait jamais paru. J'ai, dans un premier temps, posé mes valises au Sud. D'abord à Alger où je commençai comme stagiaire au *Soir d'Algérie*. Des fatwas y pesaient sur les journalistes et les dessinateurs. Des dizaines d'entre eux furent tués par les mêmes assassins que nos amis de *Charlie Hebdo*. Je vis que la liberté avait un coût. J'ai ensuite séjourné au Rwanda, pour enquêter sur le génocide des Tutsis et les complicités de la France. Je découvris que mon apathie citoyenne, l'indifférence de mon peuple, les failles de ma

République pouvaient se traduire en fosses communes, qu'il y avait quelque chose au-delà des mots, des conséquences aux actes ou, plus encore, aux non-actes. Puis je suis parti vers l'Est, aux confins alors euro-enthousiastes de notre Vieux Continent ennuyé.

J'ai publié des articles, réalisé des documentaires. Jusqu'au 13 août 2008. Les tanks de Poutine déferlaient sur la Géorgie. À un barrage militaire russe au sud de la ville de Gori, j'ai eu la « chance » de croiser le général Borisov, chef des troupes d'invasion. Au milieu de mercenaires pillant les maisons des alentours, il éructa à l'endroit des quelques reporters présents : « Tas de pédés ! Rentrez chez vous baiser vos nègres. Ici, ce n'est pas l'Europe, c'est la Russie ! » Un déclic se produisit : je décidai de poser ma caméra, d'agir au lieu de témoigner. À 3 heures du matin, j'entrai dans le bureau du président géorgien Mikheil Saakachvili : « Je reste tant que ces maniaques sont là et je veux aider. Quitte à nettoyer les chiottes s'il le faut. » Il sourit : « Alors tu risques d'être ici pour longtemps. Et nous allons trouver mieux à faire ensemble. » Pendant cinq ans, j'ai supervisé l'intégration européenne de la Géorgie. Avant de revenir en France en novembre 2013, « définitivement ». Moins de dix jours en réalité car la révolution ukrainienne commença et je m'en allai aider mes amis sur Maïdan.

Les diplomates, les experts, les médias ont longtemps parlé de « conflits périphériques » pour rassurer les habitants du « centre », mettre à distance les images violentes défilant chaque soir sur leurs écrans de télé. J'ai traversé ce périph qui n'existe que dans nos têtes et, loin de découvrir un monde en retard, j'ai rencontré notre avenir. Le périple relaté ici n'a rien du safari en terres primitives. Alger, Kiev et Tbilissi étaient en avance sur Paris. Il n'est pas non plus question dans ces pages de politique étrangère car l'étranger n'existe plus en politique. Nos frontières mentales et physiques sont des passoires. Les mouvements identitaires européens, le FN en tête, s'abreuvent, se renflouent à Moscou quand « nos » terroristes voient le monde, la France et nous-mêmes à travers le prisme des télés satellitaires du Golfe ou des sites djihadistes globaux, puis font des stages en Syrie ou au Yémen. La périphérie et le centre s'entremêlent. Personne ne pourra jamais plus les démêler.

Dans les banlieues sud et est de l'Europe, j'ai croisé la liberté et la servitude, l'émancipation et la soumission, la croyance romantique dans l'idée de progrès et son opposé tout aussi romantique : la fièvre identitaire. J'ai vu se former la lame de fond réactionnaire qui submerge aujourd'hui notre continent. Mais j'ai aussi aperçu l'antidote à cette lame. Des consciences algériennes luttant pour les libertés désormais attaquées chez nous aux insurrections de la jeunesse arabe ou ukrainienne : regardons, écoutons ceux qui ont déjà vécu et pensé ce que nous vivons maintenant sans vraiment le comprendre.

Nous évoluons dans un monde sans place pré-assignée ou post-définie pour les individus qui le composent et le traversent, la « branloire pérenne » dont parlait Montaigne. Dans ce monde sans autorité stable ni règle fixe, seuls ceux qui s'engagent ont voix au chapitre. Qu'ils soient ennemis ou partisans de la société ouverte, de la démocratie, du cosmopolitisme. Alors que les révolutions et les contre-révolutions se multiplient, violentes ou pacifiques, affichées ou insidieuses, il est impossible de se cacher derrière des murs ou des titres, de s'abriter sous le parapluie d'une introuvable neutralité : il n'y a plus de clerc sur cette terre, et encore moins d'arbitre. Il faut croire en quelque chose. Ou se taire.

Du « Dégage ! » tunisien au « Je suis Charlie » français, de la place Tahrir à celle de Maïdan, les millions d'individus qui descendent dans les rues sans parti ni leader, sans dogme ni programme, inventent un civisme d'un type nouveau. Les dirigeants, établis ou contestataires, peuvent bien se greffer sur les mobilisations spontanées des consciences agissantes, ils ne les contrôlent pas et ne les récupéreront jamais. Ces insurrections civiques n'ont encore aucun débouché politique ou intellectuel cohérent. Mais elles portent en elles, à l'état de germes, les réponses que nous cherchons. Sans les trouver pour l'instant.

Or, le temps presse. De Poutine au FN en passant par les apprentis djihadistes qui polluent nos quartiers, les partisans d'un incroyable retour en arrière attaquent et remplissent le vide laissé par nos trop longs silences et nos communes démissions. La gueule de bois est terrible. Nous pensions surfer sur les amicales vaguelettes de la globalisation et nous allons devoir nager à contre-courant, armés de nos seules convictions, guidés par notre seul jugement. En sommes-nous capables ?

Un nouveau monde

Qui est « Charlie » ?

Notre profil Facebook le dit, notre compte Twitter le répète, nous l'avons affiché sur notre porte, crié dans les rues, revendiqué sur les places : nous sommes tous « Charlie ».

Qu'entendons-nous par là ?

Nous ne le savons pas vraiment. Nous avons partagé le même effroi au même moment, scotchés devant nos écrans de télé ou d'ordi après avoir reçu un SMS ou une alerte nous annonçant l'horreur. Hagards. Un peu comme le 11 septembre 2001, plus intimement ébranlés car l'attaque touchait la France, le cœur de la République, nos « potes ». Au fond, chacun de nous s'est senti visé et a éprouvé le même besoin de « réagir ».

Le président Hollande dénonça quelques instants après le crime un « attentat terroriste » commis par « des barbares ». Il fut sobre, digne, mais le « haut » ne suffisait pas à étancher notre soif de mots, de gestes, de sens.

Chacun d'entre nous a voulu prendre la parole, passer à l'acte. Nous avons tous senti que, cette fois, il ne suffirait plus d'être représenté, il fallait être présent.

Quelques instants après le massacre de la rue Nicolas-Appert, un jeune graphiste parisien poste un «Je suis Charlie» qui devient aussitôt viral. La télévision est allumée, nous suivons les infos, nous écoutons les déclarations des dirigeants politiques, mais nous sommes sur Facebook et Twitter pour exprimer, partager, lire notre propre ébranlement. En fin d'après-midi, des milliers de citoyens abasourdis se retrouvent spontanément sur la place de la République.

«Je suis Charlie» est repris sur les réseaux sociaux par des centaines de milliers, puis des millions de personnes qui en font leur photo de profil. En France, en Europe et dans le monde. D'innombrables gens n'ayant jamais entendu parler de *Charlie Hebdo* déclinent le slogan dans toutes les langues. En temps réel, alors que les assassins courent toujours et s'apprêtent à commettre d'autres crimes, une communauté planétaire d'effroi et d'empathie se forme. C'est la version globale, à l'époque de Twitter et Facebook, de la «solidarité des ébranlés» du philosophe et dissident tchèque Jan Patočka. «Charlie» est né de la répétition à l'infini de la formule performative «Je suis Charlie». Il est le nom de nos soudaines présences, de l'irruption sur la scène publique de consciences révoltées par l'attentat et ne confiant à personne d'autre qu'elles-mêmes le soin d'exprimer leur révolte.

Ayant vu le jour dans un monde horizontal, « Charlie » y restera. Le seul moment d'hésitation dans la mobilisation intervint lorsque l'Élysée, s'arrogeant sur elle un pouvoir qu'il n'avait pas, fit mine d'inviter ou de ne pas inviter les diverses forces politiques, puis les chefs d'État et de gouvernement étrangers à la marche prévue pour le dimanche 11 janvier : Marine Le Pen était-elle la bienvenue ? Les représentants de régimes oppressifs pouvaient-ils défiler derrière notre « Je suis Charlie » sans dénaturer son message ? Des questions sans rapport avec le mouvement surgirent, vite dépassées par une déferlante civique qui passait outre, en dessous ou au-dessus des polémiques agitant la sphère politique. « Charlie », par définition, est irrécupérable. Il suffoque dans le monde des institutions, des partis, des relations intergouvernementales. Il ne respire que dans son univers originel, celui de consciences libres décidant de s'affirmer, toutes ensemble et chacune séparément, différentes et pourtant réunies.

Les citoyens qui ont investi les rues le 11 janvier 2015 croient en Dieu ou n'y croient pas, votent à gauche, à droite ou pas du tout, appartiennent ou non à un syndicat, aiment ou détestent le gouvernement, souhaitent une libéralisation de l'économie ou réclament une socialisation des moyens de production. Ils veulent les choses les plus contradictoires, mais ils ont en commun l'effroi des 7, 8 et 9 janvier, le rejet viscéral du terrorisme. Être « Charlie », c'est d'abord dire « non » au fanatisme, sans trop savoir ce à quoi on dit collectivement « oui ».

Il y avait, place de la République, des pancartes, des dessins, des déguisements, autant de messages personnels, voire intimes, mais pas de discours, pas d'estrade, pas de tribune. Les applaudissements furent le principal slogan d'une foule généralement silencieuse. Les applaudissements, et *La Marseillaise*, reprise en chœur. Au coin de la rue du Château-d'Eau, Thibaut n'en revenait pas : « Je suis anar et je chante *La Marseillaise*. C'est dingue ! ». Slimane, étudiant en sociologie, renchérit : « C'est beau *La Marseillaise* en dehors des stades de foot. Les islamistes nous ont réveillés. Nous sommes français ! Nos ancêtres les Gaulois, c'était débile, mais Charb notre compatriote, cela veut dire quelque chose ! »

« Charlie » se découvrit – ce qui paraîtra ironique à quiconque lisait l'hebdomadaire satirique – patriote : sa France était fière d'elle-même et refusait de plier face à la violence. Mais ce qu'il entendait par « France » demeurait tout aussi difficile à définir que le nom qu'il s'était donné. Là encore, elle était d'abord un « Non », une nation qui ne cède pas aux fanatiques.

Se définir comme un flic juif arabo-martiniquais dessinateur libertaire de prophètes prénommé

« Charlie » releva pour nous tous d'une évidence. Il s'agissait de transformer les cibles des terroristes en étendard commun. À ce stade, nous ne mettons toujours pas plus de contenu dans notre nom. La manière dont nous l'avons choisi, par contre, nous dit quelque chose d'essentiel sur notre rapport au monde.

« Qui dirige ? »

Maïdan, Kiev, le 8 décembre 2013.

Il est bientôt minuit. Par dizaines de milliers, les gens s'embrassent, chantent, dansent, parlent et pleurent sur Maïdan Nezalezhnosti, la place de l'Indépendance, au cœur de Kiev. Quelques heures plus tôt, un million de femmes et d'hommes, venus des quatre coins du pays, ont déferlé sur la capitale ukrainienne, formant la plus grande manifestation pro-européenne de l'Histoire, une marée de drapeaux jaune et bleu.

Autour du village de tentes occupant le centre-ville, les troupes d'élite de la police montent la garde, prêtes à en découdre. Mais à l'intérieur des barricades érigées à la hâte, la liberté triomphe, absolue, sans limite ni médiation. Il n'y a plus d'État, plus de juge, plus de flic. Et, pourtant, personne ne vole, personne ne boit, personne ne pille. Aucune force de l'ordre et nulle trace de chaos. Je traverse la place. Arrivé devant la Maison des syndicats, ruche révolutionnaire dans laquelle j'ai mon bureau depuis plusieurs jours, je jette ma cigarette par terre. Une jeune fille m'aborde gentiment : « Ils vont nous accuser de salir la ville si tout le monde fait comme toi. Nous ne pouvons pas faire grand-chose contre la pluie, la neige ou la boue, mais nous avons installé de grands cendriers pour les mégots... »

Un univers autogéré est sorti du néant en une semaine. La répression des milliers d'étudiants descendus dans les rues pour protester contre le refus du président Viktor Ianoukovitch de signer un accord d'association avec l'Union européenne a transformé le mouvement en insurrection populaire. La première révolution prenant l'Europe comme point de départ et comme horizon a commencé : elle s'appelle « Euromaïdan ».

Au troisième étage de la Maison des syndicats, Vitali Klitschko, placide champion du monde de boxe reconverti en opposant farouche au régime en place, répond aux questions de deux journalistes américains : « Allez-vous prendre le pouvoir par la force ou négocier ? Qui dirige le mouvement ? Qui décide ? Qui finance ? » Il lève les yeux au ciel et tente de reformuler les termes du débat : « Maïdan ne se "dirige" pas. Tout le monde dirige, nourrit, accueille, organise... Tout le monde et personne à la fois... » Peine perdue. Lorsque je raccompagne les journalistes au rez-de-chaussée, leur jugement tombe comme un couperet : « Il manque de *leadership*, ton pote, c'est patent. Mais *qui* alors ? »

« Qui dirige ? »

Qui ? « Tout le monde et personne à la fois » : les apprentis philosophes de l'université Mohyla, les chauffeurs d'AutoMaïdan, la journaliste d'investigation Tatiana Chernovil, Vitali Klitschko et son frère Vladimir, le blogueur Mustafa Nayyem, Ana, la jeune cuisinière qui a cofondé la première structure d'autodéfense, la bourgeoisie kiévienne et la paysannerie de l'Ouest, quelques oligarques assez intelligents pour être inquiets et des jeunes businessmen assez idéalistes pour ne pas l'être, Ioulia Timochenko depuis sa prison et Petro Porochenko depuis sa chaîne de télé ou son empire chocolatier…

« Tout le monde et personne à la fois » : il manque peut-être de « leadership », mon « pote », mais il a raison. Le peuple a pris la parole et le pouvoir. Et il refuse de les déléguer. Nous vivons un moment de démocratie directe, non représentative, non encore institutionnalisée ou médiatisée. Le micro sur la scène centrale est ouvert à tous. Les intervenants les plus divers se succèdent jour et nuit, du plus loufoque au plus sérieux, du plus nostalgique au plus progressiste, du lycéen au recteur d'université, de la babouchka religieuse venue conter la famine des années 1930 à la post-punk végétarienne prônant la mobilisation 2.0. Tous à égalité. Mais la scène elle-même n'est plus « centrale » : chaque barricade et chaque tente sont des espaces de débats, des lieux de décision. Des « centres ».

Je parcours, comme chaque soir depuis mon arrivée à Kiev, la géographie éclatée d'un monde sans pouvoir séparé ni localisable. Dans les rues menant à Maïdan, des volontaires consolident les monceaux de planches, de sacs et de pneus protégeant le village rebelle. Des femmes leur apportent de la soupe, du thé, des gâteaux, d'autres jouent de la musique ou chantent pour les encourager. À l'entrée de la rue Boris Hrinchenko, un groupe d'étudiants débat de la meilleure manière de rendre leur barricade de fortune infranchissable :

« Pourquoi ne pas l'asperger d'eau pour en faire un mur de glace ?

– Brillant ! Il caille tellement que cela peut marcher. Allons en parler à la Maison des syndicats. »

Je passe devant la mairie, transformée en dortoir pour les provinciaux qui n'ont pas trouvé de tente. Des hommes mûrs vêtus de treillis filtrent les entrées et les sorties, probablement ces fameux vétérans de la guerre d'Afghanistan venus former au combat les étudiants, épiciers, informaticiens, serveurs, et autres designers qui s'apprêtent à défendre la place.

À vingt mètres de là, devant le magasin Zara de l'avenue Kreshyatik, les Champs-Élysées de Kiev transformés en camping géant, je tombe sur un attroupement. Un pope joue de la guitare et harangue une trentaine d'insurgés tout sourire qui ponctuent son prêche de « Amen ! » enjoués. Je reconnais le barde anarchiste que j'ai filmé dix ans plus tôt, pendant la Révolution Orange, dans une situation fort semblable et quasi au même endroit :

« Je ne sais plus quel penseur stoïcien plaignait les gens vivant dans des temps de désordre et de tumulte : le con ! Bénis soient les moments de crise qui libèrent l'homme du troupeau ! Nous ne sommes pas des moutons que l'on peut tondre. Nous sommes des hommes et Dieu est en chacun de nous à parts égales. Mes frères et sœurs, vous êtes une génération bénie, la génération qui nous libérera tous en se libérant elle-même ! Ne faites pas comme nous, ne laissez pas kidnapper votre part de Dieu par les prêtres, qu'ils soient religieux ou politiques. Dieu bénisse notre Maïdan ! Dieu bénisse votre Facebook ! Dieu bénisse l'Ukraine ! »

Je le salue avec émotion à la fin de son envolée anti-stoïcienne. « Bénis soient les Français et leur République ! Ils ont brûlé la Bastille hier et ils viennent nous aider aujourd'hui à brûler le Kremlin ! » Je confesse ne représenter en rien une République dont la position officielle à cet instant n'est pas de « brûler » le Kremlin, mais plutôt de lui vendre des armes. Il s'esclaffe : « Tant mieux si tu ne représentes personne ! Car alors tu es l'un des nôtres. Regarde autour de toi : personne ne représente personne ici. Personne ne peut envoyer quelqu'un à sa place ici. Seuls comptent ceux qui sont là, par eux-mêmes et pour eux-mêmes. »

Rien ni personne ne pourra « représenter », « diriger » ou « guider » le million de « dieux » descendus dans les rues de Kiev. Sur Maïdan, la notion de leadership révolutionnaire est morte, dépecée, ensevelie. Dans la même soirée du 8 décembre, à quelques dizaines de mètres de mon barde, au croisement de l'avenue Kreshyatik et du boulevard Shevchenko, on déboulonne une grande statue de Lénine dans une atmosphère de kermesse. Des dizaines de personnes prennent des *selfies* allongées sur le mastodonte mis à terre. La foule entonne l'hymne ukrainien, puis une fête s'improvise dans un bar du coin de la rue, dont la porte s'orne d'un « Goodbye Lenin ! » peint en jaune et bleu.

Le lendemain, la statue du prophète bolchevique est remplacée par des chiottes, clin d'œil aux toilettes en or que la rumeur prête à Viktor Ianoukovitch. Le trône, celui-ci plutôt que l'autre, au lieu de Lénine : la révolution ukrainienne tire la chasse sur la verticalité moderne. Bienvenue dans un monde sans chef ni parti, sans centre ni périphérie, sans haut ni bas. Notre monde.

Sans Dieu ni maître

Maïdan n'est ni une affaire ukrainienne ni un sujet de politique étrangère. La langue de Maïdan se parle sur la place Tahrir et sous les parapluies de Hong Kong. On l'écoute à Istanbul ou Caracas. On la repère à Wall Street avec le mouvement Occupy. On la retrouve dans le chant des Indignés de Madrid et de Tel-Aviv ou dans les zones à défendre (ZAD), de Notre-Dame-des-Landes à Sivens. On l'entend jusque dans les silences de la place de la République, les 7 et 11 janvier 2015. C'est la langue d'une nouvelle forme d'engagement civique, la langue des mobilisations politiques de notre temps.

Qui sont les « leaders » des jeunes Tunisiens renversant Ben Ali ? Qui encadre les foules du Caire venant à bout de Moubarak ? Qui a transformé le parc de la place Taksim en campement subversif ? Qui sont les porte-paroles des « occupants » de New York ou des « zadistes » de Roybon ? Qui manipule les étudiants de

Hong Kong ? Qui a appelé à la première manifestation sur la place de la République le 7 janvier ? La réponse est partout la même : «Tout le monde et personne.»

Le 17 décembre 2010, en Tunisie, le suicide de Mohamed Bouazizi, vendeur ambulant de Sidi Bouzid, a créé une onde de choc ébranlant les uns après les autres des régimes que nos diplomates pensaient solides comme des rocs. Le 17 décembre 2010 est pour nous une date fondatrice : elle marque un changement d'ère, l'éclosion d'un nouveau monde, un monde horizontal dans lequel la mort d'un jeune anonyme dans une ville obscure peut changer la vie de centaines de millions de gens.

En mai 2012, j'ai invité en Géorgie Azyz Amami, blogueur et activiste tunisien emprisonné à deux reprises par le régime de Ben Ali, et d'autres révolutionnaires arabes pour qu'ils rencontrent leurs semblables est-européens. Amami décrivit le soulèvement tunisien comme s'il parlait de l'insurrection ukrainienne avant qu'elle ait lieu : «Nous n'avions ni parti ni programme. Nous formions une coalition spontanée de rejets. Sans idée précise sur les réformes à mener ou la voie à suivre, nous savions très bien ce que nous ne voulions plus tolérer : le régime, son emprise sur nos vies, son arrogance, le viol constant de notre territoire, de notre espace, de notre liberté.»

Toute mobilisation civique n'ayant ni plan préétabli ni idéologie claire est d'abord une «coalition spontanée de rejets», à l'image des dizaines de milliers de cartons rouges sortis dans les rues de Prague le 17 novembre 2014, lors des cérémonies marquant le 25e anniversaire de la Révolution de velours. Les étudiants tchèques, infiniment plus fidèles à l'esprit subversif de Havel que les autorités corrompues et décrédibilisées qui le commémoraient à la tribune officielle, reprenaient le fameux «Dégage!» lancé par la jeunesse tunisienne à Ben Ali. De Tahrir à la place de la République en passant par Kiev, tous les mouvements citoyens contemporains commencent par un «Non!».

«Nous avons pris conscience du monde avec la chute du mur de Berlin : nous ne pouvons croire ni aux utopies, ni aux méthodes des générations précédentes. Nous inventons donc de nouveaux modes d'expression politique, un langage civique qui se forge sur le tas et se retrouve étonnamment identique partout», développe Azyz Amami. Les manifestes produits au cœur de l'action ne sont ni des programmes de gouvernement ni des odes au Progrès. Le langage de la charte du «jour de colère» de la jeunesse hongroise contre le gouvernement ultra-conservateur de Viktor Orban et son projet de taxation des téléchargements sur Internet, le 26 novembre 2014, est emblématique : «Nous ne laisserons pas toucher à notre liberté d'information et nous voulons que nos opinions soient prises en compte. Nous ne tolérerons plus jamais d'être regardés de haut par nos institutions.»

La génération Facebook et Twitter ne supporte ni d'être entravée dans son droit à une information libre ni d'être «regardée de haut». Elle entend qu'on «prenne en compte» ses «opinions». Partout et toujours. Les réseaux sociaux sont des outils de mobilisation utiles, mais l'influence d'Internet sur les insurrections contemporaines est plus profonde qu'un apport pratique. Le Web a façonné le rapport au monde qui donne aux mouvements civiques actuels, de Tunis à Paris en passant par Kiev, Istanbul ou Hong Kong, leur forme et leur fond. La génération des blogueurs et des posteurs ne tolère plus de voir sa parole «portée».

Personne ne représente plus personne et tous les présents sont invités à parler, chacun son tour : la pratique des «micros ouverts» du mouvement Occupy Wall Street conduit à d'innombrables délires verbaux et à la cacophonie, mais c'est la prise de parole en tant que telle, par tous et pour tous, qui fait sens. Les autorités politiques, syndicales, intellectuelles ou médiatiques habilitées à sélectionner les orateurs ou à valider les contenus ont leur place au musée Grévin ou dans des mausolées. Il n'y a plus ni Trotski ni Mahomet pour présider au changement, révéler la finalité de l'instant vécu. Plus non plus de Maurice Thorez pour «savoir finir une grève» comme en 1936. Personne ne peut siffler la fin de partie et décréter l'échec ou la réussite d'un mouvement. Les résultats de toute mobilisation sont dès lors ambigus, équivoques. Les manifestants de Tunis, de Kiev, de Paris sont-ils satisfaits ou déçus par les suites ? Les réponses sont innombrables. Incomplètes. Contradictoires.

Les agoras de République, Maïdan ou Tahrir bouleversent les rapports des citoyens à la société et à eux-mêmes, inaugurent un questionnement radical qui est sans limite temporelle claire. Elles ouvrent une ère au lieu de clore un chapitre, lancent un processus qu'elles ne concluent pas et dont elles rejettent par avance toute conclusion. La première charte officielle de la révolution ukrainienne ne fut proclamée que le 24 janvier 2014, soit deux mois après le début du mouvement. Elle contient en son cœur l'éventualité d'une répétition à l'infini de l'insurrection : « Nous voulons une véritable protection des droits et des libertés de l'homme, notamment le droit à la résistance civile pacifique qui doit être une mise en garde permanente à tout gouvernement. » Le seul droit de l'homme spécifié ici est le droit à la « résistance civile », à la désobéissance, à l'affirmation de sa liberté inaliénable sur la place publique. Aucune lutte ne sera jamais plus « finale ». Le civisme est un réveil qui ne cesse de sonner.

*

Le manifestant de Madrid et de Tunis, de Paris ou de Hong Kong, passe à l'acte sans en avoir reçu l'ordre ni demandé l'autorisation. Il s'arroge le droit et s'impose le devoir de parler et d'agir. Lui-même. Il dévoile ainsi la forme caractéristique de tout engagement politique pour les temps présents et à venir. Il est notre image vue dans le miroir grossissant d'un instant de crise. Que ce soit pour renverser un régime oppressif, protester contre une politique ou se dresser contre le terrorisme, notre génération reproduit partout le même geste.

Où qu'elle se trouve et quel que soit l'objet de sa mobilisation, elle sort des cadres verticaux dans lesquels les Européens ont vécu, agi, pensé pendant des siècles. Elle revient à l'élan horizontal du *Discours sur la servitude volontaire* de La Boétie. Pour appréhender les élans civiques de notre temps, il faut abandonner les catégories, les grilles de lecture, les concepts de l'époque moderne, renouer avec la révolution copernicienne de La Boétie posant le primat de la société sur l'État et du multiple sur l'un. Il faut, avec lui, s'intéresser non plus à la figure du dirigeant mais à celle du citoyen qui décide d'agir ou d'obéir, de parler ou de se taire.

L'individu qui s'empare du mégaphone que lui tend l'époque commence par abolir la figure du chef dans sa propre tête. La Boétie nous interroge : «A-t-il pouvoir sur vous, qui ne soit de vous-mêmes ?» Puisque tout pouvoir sur nous part de nous, c'est en nous que tout se joue. L'engagement est le moment où la liberté potentielle que nous sommes tous s'actualise, passe à l'acte. Nous sommes le point de départ et l'horizon de la politique, dans notre unicité et notre multiplicité mêmes : « la nature nous fit tous uns plutôt que tous unis ».

L'engagé n'est plus un amoureux fusionnel, un homme qui se sacrifie pour le Leader ou le Parti, mais un « ami » au sens la boétien du terme : un être qui agit avec d'autres, sans jamais abolir l'autonomie de sa conscience, ni celle de son compagnon d'armes, de marche ou d'aventure. L'éloge de l'amitié qui conclut le « Discours » anticipe et définit mieux qu'aucun autre texte le civisme horizontal des places de Maïdan, de Tahrir ou de la République. Seule l'absence de la « verticale du pouvoir » chère à tous les chefs permet « l'amitié, dont le siège n'est que dans la plus parfaite équité ». Le 11 janvier, partout en France, nous étions tous « uns », tous là par et pour nous-mêmes, tous « amis ».

Les théoriciens politiques de l'époque moderne, en posant l'État comme premier, en droit et en fait, avaient des objectifs clairs : recréer sur les ruines de l'ordre antique un nouvel ordre vertical, affirmer la supériorité des monarchies sur le libre chaos des cités italiennes, légitimer le pouvoir des rois, de leurs administrations, de leurs clercs. Les États-nations émergèrent des cendres du civisme transalpin, refermant pour de longs siècles la page tumultueuse de la Renaissance avec laquelle l'amitié « maïdanesque » ou « charlienne » renoue aujourd'hui.

Pareil retour aux XVe et XVIe siècles est tout sauf un hasard. Les mêmes causes (bouleversements socio-économiques majeurs, modification radicale des moyens de communication, innovations technologiques, découvertes scientifiques et, surtout, incapacité des cadres préexistants à les appréhender) ont produit les mêmes effets à cinq siècles de distance : la débâcle des représentations verticales du monde, la chute des clercs, l'illégitimité des autorités. À la découverte de l'Amérique (ouverture de l'espace vers l'infini) et à l'explosion du commerce avec les Indes et la Chine correspondent l'invention d'Internet (transformation du monde en agora) et l'utilisation du container (la terre devient un atelier unique). À l'essor des cités italiennes et des ports hanséatiques fait écho la domination de l'espace globalisé par des « villes-mondes » dénationalisées, déterritorialisées. À l'avènement de l'imprimerie répond l'ère des smartphones et des réseaux sociaux. Dans ces deux périodes charnières, le savoir se répand par le bas, hors des circuits établis, le plus souvent contre eux. Le monde se retrouve sens dessus dessous. Le doute triomphe et, avec lui, la liberté.

Nous vivons l'un de ces *interregnum* dont parle le philosophe marxiste hétérodoxe Antonio Gramsci, une période entre deux règnes durant laquelle les institutions politiques, sociales, culturelles qui structurent nos pays ne nous parlent plus. L'erreur serait de croire que seules les autocraties sont touchées et nos vieilles démocraties sont épargnées par l'ébranlement global : tous les régimes politiques fondés sur l'idée de représentation verticale sont, à des degrés divers, entrés en crise. Il n'y a pas une « périphérie » plongée dans le tumulte révolutionnaire et un « centre » stable, immune, indemne. Il n'y a qu'un monde, gagné par le trouble et la remise en cause d'autorités qui ne maîtrisent plus la langue du temps, notre langue.

*

Nous postons, twittons, bloguons. Nous écrivons nous-mêmes les encyclopédies que nous consultons. Nous sommes les acteurs et les spectateurs de la pièce ou du film que nous mettons en scène sans scénario préexistant, le professeur et l'élève d'une université continue, globale, sans chaire ni banc, sans concours ni diplôme. Comment des institutions forgées par et pour le général de Gaulle pourraient-elles nous parler alors que nons nous étonnons que le Président que nous avons élu trois mois auparavant ne démissionne pas à la simple vue de nos pouces baissés sur YouTube ?

La République française traverse une crise qui ne saurait être circonscrite à l'impopularité de tel ou tel chef d'État ou invalidée par des rebonds dans les sondages liés à des traumatismes soudains et aux réflexes d'union nationale qu'ils suscitent. George W. Bush avait gagné plus de trente points d'opinions favorables dans les jours suivant le 11 septembre, François Hollande a repris vingt points après le 7 janvier. Les problèmes, systémiques, n'ont pas disparu pour autant. Selon une enquête du Cevipof publiée en janvier 2014, 87 % des Français considèrent que leurs responsables politiques, tous partis confondus, «se préoccupent peu ou pas du tout» des gens comme eux et 69 % jugent que la démocratie «fonctionne mal».

La coupure entre représentants et représentés n'est pas propre à notre époque. Elle constitue même le péché originel de la démocratie représentative. Ce qui est nouveau en revanche, si l'on compare 2014 à 1981, le règne de Hollande à celui de Mitterrand, c'est qu'elle nous paraisse à ce point insupportable. Toutes les manies de nos politiciens nous scandalisent. Aquilino Morelle, l'éphémère conseiller de François Hollande, a choqué la France entière en se faisant cirer les pompes dans les salons dorés de la République. Croit-on sincèrement que cela n'arrivait pas sous Pompidou, Giscard ou Mitterrand ?

Nos élites ont moins changé que le regard que nous portons sur elles. Le «problème» n'est pas à chercher en Hollande, Sarkozy ou leurs marquis. Il est en nous, dans la manière dont nous les percevons, dont nous appréhendons tout organe normatif vertical. Nous sommes comme le peuple parisien des années 1780, à l'affût de la moindre rumeur renforçant notre rejet d'élites régnantes isolées en leurs palais. Le triomphe de *Merci pour ce moment* répète le succès des libelles consacrés à Marie-Antoinette, Versailles et ses potins :

on lit Valérie Treierweiler non pour découvrir qui est François Hollande, mais pour nourrir une hostilité préalable.

Nos dirigeants sont perdus. Ils sont « démocrates », veulent nous plaire, répondre à nos désirs. Mais nous leur envoyons un message contradictoire : nous voulons qu'ils soient « comme nous » et « grands », qu'ils nous ressemblent et qu'ils singent de Gaulle. Hors circonstances exceptionnelles, comme le 11 janvier 2015 où François Hollande fut à la fois un chef d'État accueillant les grands de ce monde et un « Charlie » parmi d'autres, embrassant son pote Pelloux tout en se faisant chier dessus par un pigeon, notre demande est ce qu'on appelle un « double bind », une insoluble contradiction. Mao Zedong, en ordonnant à son peuple de se « révolter » contre les autorités, le plongeait dans la folie : se révolter, c'était lui obéir et lui obéir supposait qu'on se révolte. Nous sommes tous devenus des Mao Zedong : nous exigeons de nos représentants qu'ils soient à notre niveau et prennent de la hauteur. La mission est impossible et tous les présidents depuis trente ans perdent trente points de popularité dans l'année qui suit leur élection. Nous sommes devenus ingouvernables.

Notre détestation n'a rien de personnel : une fois morts ou retraités, nos hommes politiques deviennent populaires. Chirac était unanimement méprisé, le voilà adulé. Sarkozy aurait été aimé lui aussi, s'il avait un jour disparu de la vie politique. Gageons que Hollande trônera en tête des personnalités préférées des Français lorsqu'il aura quitté l'Élysée depuis assez longtemps pour que les gens aient oublié son règne. Nous ne supportons simplement plus d'être dirigés. Du moins pas dans ce cadre, pas de cette manière.

Le contrat social liant représentants et représentés est à réécrire dans la langue du temps, en partant de l'élan civique des « Charlie ». Notre rapport au monde doit désormais déboucher sur des concepts, des récits, des politiques. Ou d'autres concepts, d'autres récits, d'autres politiques viendront combler le vide laissé par notre aphasie.

«Vous n'êtes pas prêts»

Dans le bureau de Ioulia Timochenko,
13 rue Turovskaya, Kiev, le 12 mars 2014.

« Ioulia Vladimirovna vous recevra dans quelques instants. Veuillez prendre place dans le salon Vert. »

Vingt jours se sont écoulés depuis la fuite de Ianoukovitch. Le pays est sens dessus dessous. Poutine en profite pour occuper la Crimée et semer le chaos dans le Donbass. De mystérieux « petits hommes verts » sortent du néant et toute l'Ukraine assiste, stupéfaite, comme dans un mauvais rêve, à son propre démembrement.

« Ioulia Vladimirovna arrive bientôt, voulez-vous du thé ? »

Pas un bruit, juste le tic-tac stressant d'une massive horloge. Je suis au siège du parti de Ioulia Timochenko en compagnie de Giorgi Arveladze, ancien ministre géorgien avec qui je travaille depuis le début de Maïdan pour aider l'insurrection ukrainienne. J'ai connu Ioulia dix ans plus tôt alors qu'elle enflammait les foules de la Révolution orange. Le fiasco du gouvernement proeuropéen qui suivit permit la prise du pouvoir par Viktor Ianoukovitch, dont le premier geste fort fut de l'embastiller. Je l'avais vue dès sa sortie de prison il y a deux semaines, avec l'ex-président géorgien Mikheil Saakachvili. Elle nous avait reçus en fauteuil roulant, méconnaissable, épuisée par trois ans d'enfermement.

Aujourd'hui, Giorgi et moi venons discuter des réformes portées par l'ONG que nous avons créée pendant le soulèvement. Nous voulons transposer en Ukraine des éléments des transformations politiques, sociales et économiques menées en Pologne, en Estonie et en Géorgie. Dès sa libération, Timochenko s'est imposée comme incontournable, plaçant ses proches aux postes clés du gouvernement, faisant de son ancien bras droit, Olexandre Tourtchinov, le président par intérim. Nos projets ne verront pas le jour sans son appui.

« Ioulia Vladimirovna vous prie de bien vouloir excuser son léger retard. Vous désirez des gâteaux ? »

Nous sommes mal à l'aise. Des photos géantes de Ioulia accrochées sur les murs de l'entrée aux miniatures de bateaux posées sur les commodes du salon, des gens en costume qui se croisent sans se voir à la secrétaire obséquieuse qui s'adresse à nous comme à des dignitaires étrangers, tout dans l'immeuble du 13 rue Turovskaya choque nos yeux habitués au tumulte égalitaire et boueux de Maïdan. Giorgi rigole : « La révolution n'est pas encore arrivée jusqu'ici apparemment.» Dix minutes de taxi ont suffi à nous faire changer de monde. Comme si nous étions passés directement de Woodstock à l'Élysée sous le regard étonné d'un huissier de la République.

Ioulia Timochenko entre enfin, soutenue par de simples béquilles. Elle a retrouvé son regard conquérant. Elle nous embrasse, s'assoit derrière son bureau, demande des nouvelles de nos familles, de nos amis communs, puis nous prie d'exposer nos idées de réformes. Elle écoute poliment, observe nos schémas, prend quelques notes et pose deux ou trois questions. Au bout de vingt minutes, elle tapote nerveusement son téléphone fixe de la pointe de son stylo et regarde l'horloge avec insistance. Alors que Giorgi détaille un projet de loi sur les biens mal acquis, visant à expurger la fonction publique de ses éléments corrompus, elle s'excuse subitement : «Je dois appeler Tourtchinov.»

Le président par intérim répond dans la seconde. Elle ne semble nullement gênée par notre présence.

«Alors ?»

Tandis que Tourtchinov répond, Ioulia lève les yeux au ciel. Elle le coupe : «Tu te moques de moi ? Les Russes seront à Kiev avant que vous ne preniez la moindre décision, toi et les trois cent cinquante représentants autoproclamés de Maïdan...»

Son attitude calme tranche avec la radicalité des propos que Giorgi me traduit à l'oreille.

« Qu'est-ce qu'on en a à faire ? Nous sommes en guerre. En guerre. »

Elle hoche la tête, soupire ostensiblement, le coupe à nouveau :

« Écoute-moi bien : je ne vais pas vous laisser livrer l'Ukraine à Poutine sous prétexte qu'il faudrait consulter l'ensemble des ONG du pays avant de prendre la moindre décision. Tu as une heure. »

Elle raccroche et reprend aussitôt le combiné : « Olga, veuillez appeler Kolomoïski, s'il vous plaît. »

Elle nous regarde en souriant et chuchote : « Encore une minute, désolée. »

« Igor Valeriovitch, bonjour. »

Igor Valeriovitch Kolomoïski, deuxième ou troisième fortune d'Ukraine, règne en maître sur la ville et la région de Dniepropetrovsk.

« C'est bon, ils sont tous d'accord. »

Elle raccroche et se tourne vers nous :

« Vous désapprouvez ?

– Quoi, au juste ?

– Le fait que nous ayons nommé des oligarques gouverneurs... Évidemment que vous désapprouvez !

– Ben...

– Ne vous méprenez pas : ce que je fais m'est très pénible. Ces gens m'ont envoyée en prison... Mais, voilà, c'est soit ça, soit le chaos et le démembrement du pays. L'État doit s'imposer à l'Est sans délai. Nos héros de Maïdan ne pourront pas le faire. Je ne pourrai pas le faire. Et vous ne pourrez certainement pas le faire non plus. Il faut s'appuyer sur ceux qui contrôlent déjà la situation sur place, les oligarques. Je veux les obliger à choisir entre l'Ukraine et la Russie, une fois pour toutes.»

Quelques jours à peine après le triomphe d'une révolution anti-oligarchique, Ioulia Timochenko propose à Igor Kolomoïski et Rinat Akhmetov les pleins pouvoirs sur les régions orientales de Dniepropetrovsk et Donetsk. Les deux oligarques les plus puissants du pays, les plus emblématiques aussi du pillage qui a suivi l'indépendance ukrainienne, font deux choix opposés : Rinat Akhmetov refuse de sortir de l'ambiguïté, quand Igor Kolomoïski endosse les habits de patriote ukrainien. Donetsk, la ville du premier, sombre dans le chaos avant de passer sous contrôle russe tandis que Dniepropetrovsk, le fief du second, devient une place forte de la résistance. Le coup de génie politique de Ioulia Timochenko bloquera l'avancée russe vers l'Ouest. Mais nous sommes encore loin de le comprendre.

«Pourquoi restez-vous silencieux, vous qui parlez tout le temps ? Dites-le que vous désapprouvez...»

Je me racle un peu la gorge avant de me lancer :

«Pour être honnête... Pensez-vous que tout cela, ce bureau, cette déco, ces photos, la manière dont votre secrétaire s'adresse à vous, "Ioulia Vladimirovna" par-ci, "Ioulia Vladimirovna" par-là, la déférence qui vous entoure, et surtout, donc, les oligarques que vous nommez gouverneurs, pensez-vous que tout cela corresponde à la révolution qui vient d'avoir lieu ?

– Cher ami, nous sommes en guerre. Mettez-vous cela dans la tête : la guerre a commencé. Il serait bon de se réveiller et de passer outre trois photos de moi dans un couloir. Pour résister à Poutine et à ses troupes, j'ai besoin d'un État, d'une armée, d'une police. J'ai besoin de gouverneurs à l'Est. Oui, un État, avec des gouverneurs qui gouvernent et des flics qui maintiennent l'ordre… »

Elle se lève difficilement, nous faisant comprendre qu'il est temps de partir. Alors que les troubles se propagent dans toutes les villes de l'Est et du Sud, elle a d'autres choses à faire que discuter révolution et réformes, horizontalité et verticalité avec deux adolescents attardés, encore imprégnés de l'odeur si spécifique des braseros de Maïdan.

La secrétaire nous rattrape dans l'escalier : « Ioulia Vladimirovna vous demande de revenir, s'il vous plaît… »

Elle est restée debout, nous prend par la main et nous dit de sa voix la plus douce :

« Je suis désolée. Vous avez mille fois raison : nous n'avons pas le droit de reproduire les erreurs de 2004. Il va falloir tout changer. Mais là, tout de suite, comprenez-moi, nous sommes en guerre. Oui, en guerre. Ce n'est pas une opération antiterroriste ou une partie de tennis, c'est une guerre. Ce mot écorche la bouche de tout le monde. Même moi, j'ai du mal à le prononcer. Pourtant, il n'y en a pas d'autre. L'invention du nouveau modèle politique fidèle à Maïdan aura lieu. Mais pour cela, il faut que nous ayons encore un pays, que nous ne soyons pas tous réduits en esclavage. Et nous avons besoin d'un État pour sauver l'Ukraine, d'un système de commandement pour notre armée et notre police, d'un centre opérationnel…

– Sans doute. Mais vous aurez aussi besoin de la ferveur de Maïdan pour résister…

– C'est vrai, et il va falloir structurer, canaliser cette énergie. Vous sous-estimez l'importance de l'État, Raphaël. L'horizontalité dont vous parlez est l'avenir, sans aucun doute. Mais comment résister à l'invasion maintenant, tout de suite ? Voilà ce qui me préoccupe. Vos smartphones et vos réseaux sociaux peuvent-ils bloquer une colonne de tanks ? Que fait-on sans police quand les agents de Poutine mettent les mairies à sac ? Les Russes sont déjà dans nos villes, les balles remplacent les mots et le modèle que vous décrivez n'existe nulle part, pas même en Europe, en France. Nous n'avons pas le temps d'attendre qu'il sorte du néant pour agir. Poutine ne nous laissera pas une seconde. Il est prêt, lui. Et vous ne l'êtes pas, nous ne le sommes pas. La révolution n'a pas eu lieu hors sol. Je vous en conjure, posez-vous ces questions : l'absence de forces de l'ordre en Ukraine profitera-elle aux blogueurs, aux étudiants ou à Poutine ? Qui triomphe lorsque la loi ne s'applique plus ? Qui bénéficie du chaos ? »

Nous n'avons rien à répondre et nous repartons penauds. Dans le taxi qui nous ramène vers Maïdan, Giorgi se tourne vers moi : « Elle a raison, totalement raison. Personne n'est prêt. Nulle part. »

La crise des représentations verticales du monde ne garantit en rien l'émancipation du genre humain. La formidable ouverture des XVe et XVIe siècles ne s'est pas conclue par l'avènement d'une Europe cosmopolite, mais par le Sac de Rome, le 6 mai 1527, la destruction de la ville-monde, capitale multiculturelle et polyglotte des arts et de la pensée, par les lansquenets luthériens au service de l'absolutisme espagnol. Les foisonnantes cités italiennes n'ont pas modelé le continent à leur image. Elles ont succombé au déferlement des troupes françaises ou espagnoles sur la péninsule. Les philosophes républicains de Florence furent vaincus, dans les faits comme dans les têtes, par les prêcheurs fanatiques et les théoriciens absolutistes. Le manifeste de La Boétie fut moins un manuel d'autogestion qu'une bûche à autodafé.

L'élan horizontal de Maïdan, de Tahrir et de la République n'a pas encore produit de concept clair, de discours cohérent, de modèle politique. Les anciennes institutions ne répondent plus et les nouvelles n'existent pas encore. Le temps presse car nous ne vivons pas «hors sol» et nous ne sommes pas seuls au monde. Antonio Gramsci précisait que les *interregnum* avaient une fâcheuse tendance à «enfanter des monstres». Lorsque les cadres volent en éclats, lorsque les verrous sautent et que les digues se fissurent, la liberté la plus radicale fleurit et, avec elle, la possibilité d'une violence sans tabou et d'une régression sans limite.

Nos contemporains

Le 20 août 2014, à la suite de la décapitation par l'État islamique de l'otage James Foley, Barack Obama affirma avec force : « De telles pratiques n'ont aucune place dans notre monde, elles n'appartiennent pas au XXIe siècle. » Il avait dit la même chose peu de temps auparavant des attaques chimiques de Bachar el-Assad et de l'invasion de l'Ukraine par les troupes de Vladimir Poutine. Son Secrétaire d'État, John Kerry, avait ajouté à propos de la Crimée : « Vous ne pouvez pas, au XXIe siècle, vous comporter comme au XIXe et envahir une autre nation pour lui voler son territoire. »

« Vous ne pouvez pas au XXIe siècle... » est le leitmotiv des discours des dirigeants américains et européens, sur chaque conflit, à chaque horreur. Le message est limpide : la violence fondamentaliste et le nationalisme guerrier ne sont plus de notre temps. De Mossoul à Moscou, en passant par Damas, les forces qui bafouent le droit international sont « attardées ». Du haut de leur

Olympe, nos chefs d'État et de gouvernement excluent a priori leurs ennemis de l'époque. Ce qui n'empêche pas ceux-ci de s'y sentir à l'aise et de proliférer.

«Vous ne pouvez pas, au XXIe siècle ?» Eh bien si, ils peuvent. Chaque JT nous le montre. Les vidéos virales de l'État islamique nous le certifient. Les attentats de Bruxelles, Toulouse ou Paris nous le rappellent. Les dix coups d'avance de Poutine et de ses «petits hommes verts» à chaque étape du conflit ukrainien nous le prouvent. Les «voleurs» de territoire, les adeptes de la violence brute, les tenants d'un retour au VIIe siècle évoluent dans notre monde globalisé comme des poissons dans l'eau. Ils épousent les formes de l'époque et s'emparent de ses mégaphones. Ils sont de notre temps, que cela plaise ou non à des dirigeants qui, eux, apparaissent de plus en plus en décalage avec leur siècle.

*

En janvier 2015, face aux vidéos d'Amedy Coulibaly parlant trop mal l'arabe pour parvenir à revendiquer ses attentats, puis en épluchant les profils des frères Kouachi, j'ai tout de suite repensé à une discussion que j'avais eue en février 2002 avec un ex-officier de l'antiterrorisme algérien. Il voyait le 11 septembre comme une simple étape dans la mutation du phénomène terroriste :

« Ce qui s'est passé à New York n'est pas encore l'aboutissement de la logique djihadiste. Il va y avoir pire, plus dangereux qu'Al-Qaida. Nous avons eu le privilège, ici, d'être une sorte de laboratoire de ce qui va arriver partout. Ben Laden sera bientôt ringardisé. Jadis, les groupes terroristes étaient structurés, les cibles et les modes opératoires étaient choisis, ou au moins validés, par une hiérarchie. La base appliquait des consignes. Les réseaux terroristes étaient des armées souterraines. Identifier les commanditaires, déjouer les attaques, démanteler les groupes, c'était difficile, mais jouable. Al-Qaida reste dans cette logique-là. Ses cellules ultra-cloisonnées, c'est le nec plus ultra du terrorisme classique. Ben Laden décide, valide, explique. Le terrorisme qui vient ira beaucoup plus loin dans la décentralisation. L'idéologie sera là, diffuse, les fatwas aussi, de plus en plus générales, et une cellule de trois ou quatre tarés prendra l'initiative de tirer sur X ou de poser une bombe à tel endroit. On a connu ça à l'état de germes ici. Des microgroupes djihadistes se formaient un peu partout, des émirs sortaient de nulle part en permanence. Et ça va venir en France, crois-moi. Nous connaissons vos banlieues mieux que vous. C'est juste une question de temps... Il vous faudra apprendre à vivre avec cette menace. Et comment évoluer là-dedans sans perdre son âme ? Hein ? Comment lutter contre un ennemi à ce point destructuré, éparpillé, sans changer soi-même, sans devenir quelqu'un de moche, de très moche ? Vous allez voir un terroriste en chaque Arabe dans le métro. Les meilleurs d'entre vous deviendront racistes… Tu dis non aujourd'hui ? Mais qu'en sera-t-il demain ? On en reparlera quand vos jeunes, formés dans vos écoles, ayant joué avec vos enfants, se feront sauter dans vos bus et vos bars… »

Ses propos, sa voix, son regard m'avaient marqué. Mais j'avais mis ses prophéties apocalyptiques sur le compte des traumatismes de la décennie d'horreurs que l'Algérie venait de traverser. Merah, Kouachi ou Coulibaly ont montré à quel point j'avais tort.

Depuis toujours, les criminels cherchent à édulcorer, masquer ou rendre raison de leurs crimes. Le terroriste classique dit agir au nom d'une cause identifiable, en vue d'un objectif clair, sur ordre d'une structure hiérarchisée. Il a un discours visant à justifier ce que nous pensons injustifiable. Le Hamas prétend combattre l'occupation israélienne en faisant exploser des bus de civils. C'est atroce, mais il pose encore – du moins dans les mots – le terrorisme comme un moyen en vue d'une fin politique. Pas le néo-djihadiste à la sauce de Daech.

Le but de l'État islamique – la restauration du Califat – est si vague, si lointain et si irréaliste qu'il s'efface devant les actes eux-mêmes. L'EI transforme le moyen – l'attentat – en fin. L'égorgement de l'apostat, la réduction des fillettes yazidis en esclaves sexuelles, la défenestration des gays, la décapitation des prisonniers, la crucifixion des chrétiens, l'enrôlement d'enfants de huit ans dans la guerre, tout est filmé et diffusé, mis en scène et mis en ligne. Sans autre revendication qu'un ou deux versets du Coran, récités quasiment par souci esthétique. Car les crimes sont, par eux-mêmes et pour eux-mêmes, le message envoyé au monde. YouTube et les réseaux sociaux leur donnent une résonance planétaire. Coulibaly ne parlait pas assez bien l'arabe pour revendiquer clairement sa boucherie, mais il avait une caméra GoPro et savait s'en servir. Comme Merah avant lui.

Daech invente l'équivalent terroriste des « open mikes » du mouvement Occupy Wall Street : la décapitation maison. Son appel à tous les musulmans, publié le 22 septembre 2014, est le discours de la méthode du terrorisme contemporain. Sur onze pages, il invite chaque croyant à lancer son propre djihad, où qu'il soit, quel qu'il soit : « Si vous pouvez tuer un infidèle européen ou américain, en particulier un sale Français – alors comptez sur Allah et tuez-le de n'importe quelle manière. » « Comptez sur Allah » équivaut à « comptez sur vous-même ». Plus besoin de validation des cibles par un chef ou une structure : elles sont toutes validées d'avance. Autorisez-vous vous-même, passez à l'acte.

Nous ne sommes plus à l'époque des cellules dormantes d'Al-Qaida, à activer via un signal prédéterminé. Nous entrons dans l'ère des mobilisations publiques. Le centre n'envoie ni argent (les volontaires financent leurs carnages en faisant des casses ou en contractant, comme Coulibaly, un crédit à la consommation chez Cofidis), ni armes, ni directives précises. Chaque djihadiste potentiel devient un centre, détermine ses objectifs et ses modes d'action, en fonction du lieu où il se trouve et des moyens dont il dispose : « Si vous ne trouvez pas de kalachnikov, frappez sa tête avec une pierre, égorgez-le avec un couteau, écrasez-le avec votre voiture, jetez-le d'un lieu en hauteur, étranglez-le ou empoisonnez-le. » En gros : démerdez-vous, mais tuez. Personne ne peut vous représenter dans le djihad, vous devez faire acte de présence. Avant, il fallait devenir djihadiste, être formé, recevoir l'onction d'une autorité pour se voir confier une mission de mort, désormais c'est en tuant que l'on s'affirme djihadiste.

*

La logique des « partisans déterritorialisés » théorisée par Carl Schmitt est poussée à son terme. Nos sociétés doivent combattre des ennemis autonomes les uns des autres, des consciences qui soudainement peuvent décider de s'actualiser, de se réaliser en commettant un attentat. L'infiltration comme la surveillance deviennent de plus en plus complexes : Qui surveiller ? Quelles « structures » infiltrer quand les liens sont si lâches ? Quel « fil » remonter lorsque le terrorisme devient sans fil ?

Moins le djihad est structuré, hiérarchisé, ordonné, plus la menace est diffuse et instille la peur et la haine dans nos sociétés. Comment lutter contre un phénomène semblable sans «perdre son âme»? Comment ne pas avoir la tentation de supprimer de plus en plus de démocratie au nom de la sécurité? Comment rester ouvert quand Internet transforme potentiellement votre voisin dans le métro en soldat d'un conflit global dont vous êtes une cible a priori légitime?

L'enjeu est d'abord policier évidemment, mais la forme même de la menace rend le risque zéro impossible. Le terroriste contemporain n'est pas terroriste avant de passer à l'acte, il n'a plus de carte de membre d'un syndicat de poseurs de bombes ou d'égorgeurs d'infidèles. La tentation du tout sécuritaire est non seulement dangereuse pour la démocratie, elle n'est pas opérationnelle. L'action de la police doit se doubler d'un combat politique, social, culturel contre le terreau idéologique sur lequel germe la conscience potentiellement terroriste : l'islamisme fondamentaliste.

La République a perdu du temps. Par paresse, lâcheté, angélisme ou je-m'en-foutisme, nous avons laissé une idéologie antirépublicaine prospérer en notre sein. Malek Boutih dénonce depuis longtemps les compromissions locales des élus de droite et de gauche avec certaines organisations fondamentalistes. Il fut peu écouté jusqu'au 7 janvier 2015. «Pourtant, il a plus que raison», me glisse une amie Nadia Daam, journaliste qui a grandi dans la cité de l'Ill à Strasbourg : «Ma mère est illettrée. Pour signer nos bulletins de notes et remplir sa fiche d'impôt, elle voulait apprendre à écrire. Elle se tourna vers la mairie qui la renvoya vers une association subventionnée et, théoriquement, encadrée par elle. Les bons samaritains payés par la République, tous des salafistes purs et durs, apprenaient aux immigrés désireux de s'intégrer que les Juifs buvaient le sang des enfants palestiniens, qu'ils contrôlaient le monde, que nos frères mouraient partout sous les bombes de l'Occident, qu'il fallait revenir à la vraie foi, une interprétation de la foi qui n'a d'ailleurs rien à voir avec nos traditions maghrébines... Ma mère, choquée, a stoppé les cours au bout de quelques semaines. Mais pour une qui part, combien restent ? »

Ces petits arrangements locaux se reproduisent au sommet de l'État, dans les relations que nos élus entretiennent avec le Qatar, par exemple. Quel niveau d'inconscience politique faut-il atteindre pour se reposer sur l'émirat qui finança la croisade des djihadistes d'Aqmi jusqu'à Tombouctou pour développer des programmes sociaux dans nos quartiers dits « sensibles » ? Comment des hommes politiques français peuvent-ils toucher de l'argent d'un État qui s'est imposé comme l'épicentre de la propagande théologico-politique qui endoctrine une partie, encore minime, de notre propre jeunesse ? Être rémunéré pour des conférences ou des activités de conseil à Doha n'a rien d'illégal. Politiquement, par contre, cela pose problème. De la cité de l'Ill à l'Élysée, les compromissions découlent d'une lecture a-idéologique, apolitique de la montée du fondamentalisme musulman.

Les choses sont pourtant relativement claires : l'idéologie islamiste est née, comme toutes les idéologies politiques totalitaires, après les Lumières européennes, en réaction contre elles. Elle s'oppose aux coutumes des populations musulmanes ou originaires de pays musulmans habitant en France. Le port du niqab et de la burqa n'a rien d'une tradition algérienne, marocaine ou tunisienne. Rien de ce qui constitue l'idéologie djihadiste contemporaine ne découle de cultures ancestrales. Par conséquent, dénoncer l'islamisme ne stigmatise personne d'autre que ceux qui, contre leurs propres traditions familiales, en épousent les préceptes et les logiques. Nommer le mal permet au contraire de distinguer ce qui relève d'une idéologie théologico-politique contemporaine et ce qui provient d'une pratique religieuse ou culturelle. La bien-pensance, ou plutôt la non-pensée, d'élites refusant pendant si longtemps de dire contre quoi la République devait lutter se fonde en réalité sur le fameux « amalgame » qu'elles prétendent éviter.

Même après l'attaque contre *Charlie Hebdo*, le Président Hollande n'a pas qualifié d'« islamistes » les tueurs, préférant les nommer « barbares » ou « terroristes », ce qui définit leur méthode sans toucher à leur substrat idéologique. Le 7 janvier, de Mélenchon à Sarkozy, nos représentants ont multiplié les périphrases.

Et ce qui devait arriver arriva : Marine Le Pen fut la première à dire ce qui était dans toutes les têtes, sur toutes nos pages Facebook ou nos fils Twitter, mais encore sur aucune lèvre officielle : « Cet attentat doit libérer notre parole contre le fondamentalisme islamiste. Il ne faut plus se taire. Personne ne souhaite qu'une confusion soit effectuée entre nos compatriotes musulmans attachés à notre nation et à ses valeurs et ceux qui croient pouvoir tuer au nom de l'islam. Mais cet évident refus de l'amalgame ne doit pas être non plus l'excuse de l'inertie ou du déni. Ce serait le pire service à rendre aux Français, quels qu'ils soient. »

Elle, que Charb, Tignous, Wolinski, Cabu et Honoré détestaient par-dessus tout, fut la première à parler en termes politiques et idéologiques de leur assassinat, un événement profondément politique, un acte commis au nom d'une idéologie. La France n'avait pas subi un tsunami ou une pluie de météorites, l'émotion ne suffisait pas : il fallait un discours politique et nos dirigeants laissèrent Marine Le Pen le tenir avant eux. Manuel Valls trouva les mots justes et le ton adéquat quelques jours plus tard devant l'Assemblée nationale, mais seul le sursaut civique se donnant le nom de « Charlie » évita que le FN ne récupère à son profit la mort de ses plus farouches adversaires.

Dans l'aphonie généralisée et l'effroi commun, l'extrême droite sera toujours la plus prompte à livrer une explication cohérente et consistante des phénomènes qui laissent les autres sans voix. Si « Charlie » s'essouffle, la tentation de saborder le vivre ensemble et de laisser la peur de l'autre guider nos choix politiques l'emportera.

Le XXIe siècle nous projette dans un monde horizontal, ouvert à tous les vents. Dans ce monde, les opportunités d'engagement civique, de réinvention de la politique, de refondation de la démocratie sont infinies. Mais les périls et les risques de régression le sont aussi. Une course-poursuite est engagée. Le problème est simple : nous ne sommes pas encore prêts à saisir les opportunités, alors que les périls conjugués du fanatisme et de la réaction identitaire s'imposent à nous et se renforcent l'un l'autre. Tout est mûr pour un grand bond en arrière.

La croisade réactionnaire

Un suicide français

78 rue des Suisses, Nanterre, le 7 mai 2017.

Il est presque 18 heures, les premières estimations vont bientôt tomber. Depuis deux jours, cela lui semble jouable. Les derniers sondages Sofres et Ifop, non publiés, lui donnent 48,5 % et 49 %. La faible participation à 17 heures (61 %) signe l'échec de la stratégie du barrage au « fascisme ». De l'eau a coulé sous les ponts depuis le 5 mai 2002, quinze longues années d'erreurs des élites en place qui ont changé la donne. Il y avait dans l'air quelque chose de révolutionnaire ce matin quand elle est allée voter. Les gens étaient chaleureux sur son passage et on lui a servi du « Madame la Présidente » à chaque pas.

Elle laisse ses proches entrer et sortir de son bureau à leur guise – seule, elle péterait les plombs –, mais elle leur a défendu de lui adresser la parole ou d'utiliser leurs portables. La tension générée par la possibilité de la victoire est en soi un triomphe et elle entend jouir de son stress dans le calme. Elle s'amuse à regarder ses lieutenants, debout en rang d'oignons. Ils crèvent tous d'envie d'appeler la terre entière, d'avoir des infos, n'importe lesquelles, y compris bidons… Pourtant, aucun ne sort, pas même pour aller pisser : ils veulent être là lorsqu'elle apprendra la nouvelle, bonne ou mauvaise.

Son téléphone vibre enfin. C'est le bon numéro, elle va savoir. Elle ne se presse pas, s'allume une clope, une vraie, pas la daube électronique qu'elle est obligée d'utiliser dans ce temple du politiquement correct qu'est le Parlement européen. Ici, elle est chez elle, elle a tous les droits. Y compris celui de faire attendre son interlocuteur au bout du fil et tous les gens qui la contemplent, la bouche ouverte et les yeux suppliants. Quoi qu'il arrive, c'est son jour.

« Allô ? »

…

« T'es sûr ? »

…

Elle raccroche, passe ses troupes en revue, ce bon compagnon d'Aliot, ce petit génie de Philippot, cette grande gueule de Ménard, son insupportable nièce et tous les autres, les anciens et les nouveaux, suspendus à ses lèvres. Elle sourit.

« On les a baisés. »

Personne ne hurle de joie. Ils sont sous le choc : eux, les parias, les ennemis publics, les fachos, les losers, les beaufs, les réacs, au sommet de la République ? C'est trop beau pour être vrai.

« On les a baisés. » Elle le répète comme on se pince, pense au père qu'elle a dû « tuer » pour y arriver. Enfin, à moitié tuer. Juste pour la forme, juste sur la forme. Il l'avait mal vécu, mais il était intelligent et, s'il n'avait pas apprécié, du moins avait-il compris. Quel dommage qu'il ne soit plus là pour voir ça ! Une Le Pen à l'Élysée ! Bon, pas sûr qu'elle aurait pu y arriver de son vivant, avec ses blagues racistes, ses délires complotistes et sa gueule menaçante en ouverture des JT... Et puis, les unes de *Voici, Gala* et *Paris Match* sur les funérailles l'avaient bien aidée. Elle était subitement devenue une fille comme les autres, pleurant un père certes détestable, mais un père avant tout. Pas si détestable que cela d'ailleurs puisqu'il avait eu le bon goût de mourir et que sa fille le pleurait. Plus jamais, on ne lui demanda de le critiquer : les Français aiment bien les morts. Son père, une fois disparu, devint presque un atout...

« On les a baisés. Sans changer. C'est cela le plus important : nous n'avons pas changé. C'est beau d'avoir gagné *comme ça.* »

Elle marque une courte pause pour souligner l'importance de ces deux derniers mots, tire sur sa cigarette et poursuit :

« On a juste arrêté les blagues sur les camps et viré dix cons qui faisaient des saluts nazis sur Facebook. C'est tout. Sur le fond, nous sommes restés dignes. C'est pour ça qu'on a gagné. Il est où Gianfranco Fini avec ses salamalecs à l'establishment et les éloges de la presse bien-pensante ? Nulle part ! Nous avons gagné parce que nous avons tenu bon, ensemble. Sinon, ils nous auraient applaudis, absorbés, digérés, dégueulés. Ils nous ont demandé d'abandonner la sortie de l'euro ? On a tenu bon. Ils ont exigé que l'on condamne l'entrée des troupes russes en Lettonie, l'année dernière ? On a tenu bon. Ils nous ont intimé de ne pas quitter l'OTAN ? On a tenu bon. Ils utilisaient la préférence nationale pour nous faire passer pour des fachos ? On a tenu bon. Ils nous comparaient à Pétain parce que nous voulions dénaturaliser les apologues du terrorisme ? On a tenu bon. Ils sautaient comme des cabris lorsque nous avons promis le rétablissement de la peine de mort pour les djihadistes et les violeurs d'enfants ? On a tenu bon. Sur tous les fronts. Et ce sont eux qui ont commencé à évoluer… C'est historique ! Plutôt que de changer nos idées, nous avons changé le monde…

– Et nous devons continuer à le changer, embraye Philippot. Il faudra résister, combattre aujourd'hui comme hier, demain plus que jamais, appliquer nos idées, notre programme… Ne pas devenir comme l'UMPS. »

Elle l'aime bien, Philippot. Il a une tête de fayot mais il est loyal. Et diablement intelligent.

« Tu as raison. J'axerai mon discours là-dessus. Pas d'autocélébration, pas d'exubérance, pas de débordement de joie. Florian, envoie le message à toutes les sections : je ne veux aucune image de triomphalisme.

Je veux l'anti-Fouquet's, un bonheur humble et convivial, de l'espoir. Pas de discours revanchard, aucun cri de bête. Ce soir n'est pas un aboutissement, ce n'est qu'un début. Ils ont fait l'erreur de nous laisser le pouvoir. Eh bien, nous allons le garder longtemps, à condition de jouer serré, dès la première minute. Les temps sont graves, la crise est profonde et les gens sont encore choqués par les attentats de février. Ce que nous faisons, ce que nous disons aujourd'hui résonnera dans les années qui viennent. Donc pas de connerie ! Il faut incarner le redressement de la France dès 20 heures, parler du travail immense qui nous attend, appeler tous les patriotes à nous rejoindre, s'adresser au peuple dans son ensemble, par-delà les clivages partisans… »

Philippot quitte la pièce pour répercuter les consignes. Elle réfléchit, puis commence à répéter son discours de 20 h 15. Par superstition, elle n'a rien voulu préparer. Mais elle sait parfaitement ce qu'elle doit dire. Et, de toute façon, elle n'est jamais aussi bonne que lorsqu'elle improvise.

« Mes chers compatriotes, une nouvelle page de l'histoire de notre nation va s'écrire, et elle sera à nouveau écrite en France, par les Français. En France et non à Bruxelles ou à Washington. Par le peuple de France, et non par les bureaucrates du FMI ou les fonctionnaires apatrides de la Commission… »

En bon épicier, Aliot intervient : « J'éviterais apatride, ça fait un peu facho… Il nous faut de l'ouverture, du positif... Tu dois impérativement citer de Gaulle. Il y a des législatives dans un mois, les ruines de l'UMP à avaler... »

Elle acquiesce d'un mouvement de tête et reprend :

« Ils vous ont dit que les banlieues étaient perdues, qu'il fallait apprendre à vivre dans la peur. Dès demain, nous allons reconquérir tous les territoires de la République, sans exception. Nous allons montrer que les Français sont partout chez eux, en France. La peur, nous n'en voulons pas pour nos enfants. Nous voulons, nous allons vivre dans l'espoir, la fierté, la dignité.

Ils vous ont dit que la politique ne pouvait rien. Dès demain, nous allons vous montrer qu'elle peut tout. À condition que l'Histoire de notre peuple soit à nouveau écrite par lui, chez lui. Et non par d'autres, à Bruxelles et Washington... Trouvez-moi une citation du XIXe siècle sur le Printemps des peuples et la République. Il va falloir être très républicain. Louis a raison, je veux du de Gaulle, beaucoup de de Gaulle. Au moins deux citations. »

Aliot se marre : « Du de Gaulle pour venger les Pieds-Noirs, j'adore ! Allez, trois citations ! »

Elle sourit : « Quand l'intérêt supérieur de la France était en jeu, le général de Gaulle imposa la politique de la chaise vide à Bruxelles, exigea le départ immédiat des bases militaires de l'OTAN. Il faut croire en la France comme de Gaulle, l'aimer comme Jaurès, la chanter comme Hugo et la célébrer comme Malraux.

Les temps du renoncement, de la soumission, du reniement, de l'aliénation ont pris fin. Ce soir, le renouveau commence.

Je vais rendre la parole au peuple. Très vite, des référendums auront lieu sur l'OTAN, sur l'euro, sur l'immigration, sur la fin du laxisme pénal, sur tous les sujets essentiels qui furent pendant des décennies décidés sans vous, contre vous. Je l'avais promis et – voyez-vous – moi, je tiens mes promesses. Ce soir, vous avez repris votre destin en mains.

Trop de terrain fut concédé, trop de principes furent bafoués : l'effort de redressement sera long et difficile. J'aurai besoin de tout le monde, de tous les Français qui n'ont pas honte de la France, de tous les Français qui aiment leur pays, qu'ils soient de droite ou de gauche, du centre ou d'ailleurs, J'appelle tous les citoyens qui ne veulent plus baisser la tête ni courber l'échine à me rejoindre, à nous rejoindre. Ce soir, ce n'est pas le Front national qui a gagné, c'est la Nation ! Ce n'est pas un parti, c'est le peuple ! Ce n'est pas moi, c'est vous ! C'est la France ! Vive la République et vive la France ! »

Ils sont aux anges : c'est la meilleure, de très loin. Elle fera à n'en pas douter une excellente Présidente et ils resteront ministres longtemps.

Paris, Bruxelles, Berlin et même Washington tremblent, mais, à Nanterre, le calme règne, comme si l'élection de Marine Le Pen à l'Élysée était naturelle, logique.

Le double attentat kamikaze du 9 février dans le métro parisien et un bus marseillais avait ébranlé le pays. Pour la première fois, des jeunes Français passés par l'école de la République se firent exploser dans un lieu public. Le traumatisme fut immense, mais la mobilisation civique bien moindre qu'en 2015. Les élections approchant, l'union nationale ne dura pas trois jours.

Puis tout s'enchaîna : la campagne sans souffle des candidats UMP et PS, la garde à vue de Sarkozy fin mars, la percée in extremis de Bayrou profitant de la droitisation extrême de l'ancien président, la qualification surprise de Hollande un point devant son prédécesseur et douze derrière elle, les fiascos du « front républicain » entre les deux tours, les ralliements de Mariani, Myard, de Villiers, Pelletier, Didier, Boutin et consorts, l'appel équivoque de Sarkozy le 27 à barrer la route aux « forces du passé », les menaces de Juncker le 29, les injonctions conjointes du CRIF et de l'UOIF le 30, le refus de débattre exprimé par Hollande dans un premier temps, puis sa volte-face et sa piètre performance lors du face-à-face du 2 mai, la farandole des vedettes du show-biz pleurant à la télé pendant dix jours… Tous les événements récents ont joué en sa faveur. Et chaque détail compte lorsqu'on gagne une élection avec 51 % des voix.

Mais rien de tout cela n'aurait eu d'impact si sa grille de lecture ne s'était pas imposée bien avant la campagne, si son camp n'avait pas d'abord remporté le combat culturel. C'est la clé et le paradoxe de son triomphe : pour la première fois depuis la Révolution de 1789, l'extrême droite s'empare de l'État au terme d'une confrontation intellectuelle et idéologique en bonne et due forme. Elle n'arrive au pouvoir ni grâce au coup de force de quelques paras écervelés, ni dans les bagages de l'occupant. Elle a vaincu sur le terrain de prédilection de la gauche depuis les Lumières : la bataille des idées, le *Kulturkampf*.

Tout cela, la Présidente le sait et c'est ce qu'elle aime par-dessus tout dans sa victoire. Elle respecte les idées, elle, contrairement aux invertébrés de l'UMPS. Elle se souvient de Gramsci, ou plutôt de l'article d'Alain de Benoist sur Gramsci dans *Le Figaro Magazine* du 11 mars 1978, que son père lui avait fait lire et relire, et qu'elle avait finalement mieux compris que lui. Le fondateur de la Nouvelle Droite, inventeur de l'expression si utile de « pensée unique », reprenait point par point les thèses du philosophe communiste italien : « Il n'y a pas de prise du pouvoir politique possible sans prise préalable du pouvoir idéologique et culturel. »

Seules la mise au pilori dans l'opinion des principes progressistes et cosmopolites, la fin des tabous républicains et la déchéance des idéaux universalistes lui ont permis de « gagner sans changer », c'est-à-dire, à ses yeux, de gagner tout court. Elle n'oublie pas ce qu'elle doit aux esprits courageux et brillants qui ont mené en amont la guerre culturelle. Aussi, bien avant les communicants, les cadres du parti, les ralliés de la dernière heure et les amis des périodes sombres, son premier SMS de présidente élue est-il pour Éric Zemmour.

Un message simple et beau : «Merci.»

Opération Zemmour

« Les lois sont sans vigueur, le gouvernement reconnaît son impuissance pour les faire exécuter ; la Constitution n'est qu'une toile d'araignée. Le mariage n'est qu'une prostitution légale ; il n'y a plus d'autorité paternelle, plus d'effroi pour le crime, plus d'asile pour l'indigence. Le hideux suicide dénonce au gouvernement le désespoir des malheureux qui l'accusent. Le peuple se démoralise de la manière la plus effrayante ; et l'abolition du culte, jointe à l'absence totale d'éducation publique, prépare à la France une génération dont l'idée seule fait frissonner. »

Non, vous ne lisez ni *Le Suicide français* d'Éric Zemmour ni un discours de Patrick Buisson, mais un texte vieux de plus de deux siècles, les *Considérations sur la France* de Joseph de Maistre. Un effroi similaire devant l'affaissement de l'autorité, le rejet partagé d'un présent sans queue ni tête, une panique égale devant la décadence morale de l'époque, une même vision de fin du monde : la pensée réactionnaire.

Les communistes ont longtemps rendu ce terme inutilisable, en désignant ainsi toute personne refusant de conférer à Moscou le statut de temple du Progrès universel. En 2014, alors que le PC ne pèse plus rien et que les profs de fac ont laissé leur marxisme scientifique au vestiaire, nous pouvons revenir au sens originel du mot et décrire ainsi la lame de fond idéologique qui submerge la France.

Une lame de fond réactionnaire et non pas conservatrice. Le conservateur entend préserver des institutions, des valeurs, des pratiques menacées de destruction, il veut sauvegarder ce qui est encore là. Le réactionnaire, lui, prétend revenir à un passé déjà disparu, si tant est qu'il ait jamais existé, un temps à réinventer. Pour y parvenir, il n'a peur d'aucune ruine. Au contraire : le réactionnaire fait du présent table rase, il est révolutionnaire ou, plus exactement, contre-révolutionnaire.

Ils ont kidnappé Gramsci

Nous ne sommes pas encore en mai 2017. Ce qui se joue aujourd'hui n'est pas une élection mais une compétition idéologique. Et le Front national a, sur ce terrain, plus d'une longueur d'avance. « Le FN n'est pas un parti comme un autre », aime-t-on répéter : évidemment, puisqu'il est le seul à mener un combat culturel, à imposer des idées. Le seul, en définitive, à faire de la politique.

Ayant souffert d'un ostracisme violent pendant trois décennies parce qu'il véhiculait des valeurs opposées aux normes morales et aux tabous historiques du régime en place, se heurtant constamment à un mur de verre idéologique, il a compris l'importance de la confrontation intellectuelle au moment précis où les autres partis s'en détournaient. Les cadres du FN savent qu'il faut changer les rapports de forces culturels pour s'emparer de l'État. Ils ont kidnappé Gramsci. L'article d'Alain de Benoist dans *Le Figaro Magazine* de 1978 posant les bases d'un long travail de destruction et de conquête idéologiques se concluait ainsi : « Il y a quatre ans, Bernard-Henri Lévy titrait l'un de ses articles : "Gramsci, c'est fini !" (*Le Quotidien de Paris*, 5 juillet 1974). On peut dire aujourd'hui : Gramsci, ça ne fait que commencer. »

Benoist puise dans l'œuvre du philosophe italien la certitude que toute prise du pouvoir par un groupe en opposition frontale au système en place – le PC hier, le FN aujourd'hui – se joue moins dans l'arène de la « politique politicienne » que dans l'agora « métapolitique ». Les batailles médiatiques, les conflits moraux, les oppositions de concepts et les affrontements de grilles de lecture dans la société définissent une atmosphère culturelle qui, à son tour, détermine les résultats électoraux. L'issue d'un vote est la « résultante » d'une action de fond qui dépasse largement le cadre des institutions politiques : « Un renversement politique ne crée pas une situation, il la consacre. »

Prophète d'une « lente subversion des esprits », Alain de Benoist détaille le programme gramscien menant au « renversement » de tout régime établi : « parallèlement au travail de parti, il propose d'entreprendre un travail culturel, consistant à substituer une hégémonie culturelle prolétarienne à l'hégémonie bourgeoise, qui aura pour but de rendre compatible la mentalité de l'époque avec un message politique nouveau ». Dans les années 1970, il lance le GRECE (Groupe de recherche et d'études sur la civilisation européenne), dont la « Nouvelle Droite » est l'appellation médiatique, pour produire de nouveaux cadres intellectuels, proposer d'autres grilles de lecture, rendre les consciences perméables aux idées réactionnaires.

L'ère des coups d'État est révolue et la droite (contre-)révolutionnaire ne peut se limiter aux opérations coup de poing des jeunesses nationalistes ou se complaire dans l'attente ridicule et odieuse d'une nouvelle invasion allemande qui ne viendra pas. Pour qu'une opportunité politique se présente, il faut d'abord créer des brèches, désacraliser les tabous et ébranler les convictions des élites : « C'est seulement lorsque la société en place sera gagnée à des valeurs différentes des siennes propres qu'elle commencera à vaciller sur ses bases – et que son pouvoir effectif commencera à s'effriter. »

Nous en sommes précisément là en 2015, au moment de l'« effritement », du « vacillement », de la conquête de la « majorité idéologique » par les adversaires des valeurs jusqu'ici dominantes. Arrivé trop tôt, trop marqué par sa jeunesse extrémiste, passant trop mal à la télé, trop vieux, trop inadapté à l'univers d'Internet, Alain de Benoist ne put mener lui-même l'offensive idéologico-médiatique finale. Pour revenir à la surface, la taupe réactionnaire avait besoin d'un homme de son temps, d'un héros médiatique, d'une bête de foire avec ses entrées dans le PAF : Éric Zemmour.

L'entourloupe 68

Le 4 octobre 2014 sur France 2, en lançant à Daniel Cohn-Bendit « Vous êtes le roi de l'époque, vous régnez depuis quarante ans, vous avez gagné », Éric Zemmour résume l'axiome de la conquête de l'hégémonie culturelle par la Nouvelle Droite et ses héritiers : nous vivons dans un pays soixante-huitard, les libéraux-libertaires ont triomphé, l'antiracisme et le sans-frontiérisme des insurgés de Mai sont devenus des dogmes tout-puissants. Le syllogisme qui suit est dès lors imparable : comme Cohn-Bendit et Kouchner sont « les rois de l'époque », tout citoyen insatisfait de l'état de la France et épris de changement est en droit – que dis-je ! – a le sacro-saint devoir de se rebeller contre eux, contre les valeurs qu'ils portent, le cosmopolitisme, le multiculturalisme, le déracinement, le métissage, tous les piliers de la religion du « politiquement correct ».

« Nous sommes tous des Juifs allemands » étant devenu la devise officielle d'une république dévoyée, chanter « On n'est pas des Arabes » ou « Non au Gay Power » vous transforme en sans-culotte. Quand « il est interdit d'interdire », la véritable révolte, c'est de souhaiter l'ordre, de prôner l'obéissance. Lorsqu'on divorce à tout bout de champ, qu'on se marie entre hommes ou entre femmes, le rebelle agite une pancarte « Un papa, une maman » dans les rues de Paris. Quand Bernard Kouchner l'oblige à être un citoyen du monde, l'insoumis célèbre le terroir et hurle fièrement « Dehors les Roms ! » devant un bidonville. En terre libérale-libertaire, le programme révolutionnaire, c'est la préférence nationale. La liberté, c'est la servitude : c'est beau comme du Mao Zedong.

Pareil syllogisme forme le cœur de la dialectique zemmourienne, mais il ne lui est évidemment pas propre : il structure l'œuvre d'Alain de Benoist, la vision de Patrick Buisson et, à la surprise générale, le grand discours de fin de campagne de Nicolas Sarkozy en 2007, promettant de « tourner la page de Mai 68 une bonne fois pour toutes ». Sur l'instant, j'ai cru à un habile coup tactique, comme la plupart des commentateurs. Comme Sarkozy lui-même probablement. Mais derrière lui, derrière ce discours, quelque chose d'autre se jouait, une partie dont il n'était que le pion consentant : une contre-révolution culturelle dont il contribuait à faire accepter par une majorité de Français l'axiome (68 a gagné) et sa conséquence logique (si vous êtes insatisfaits, il faut donc balayer les « valeurs de 68 »).

La réalité est pourtant bien éloignée du point de départ zemmourien ou buissonien : si les fameux lib-libs de 68 avaient « gagné », s'ils « régnaient depuis quarante ans », alors les huissiers de la République seraient à la retraite, Hollande habiterait un appartement comme Merkel et non un palais, les citoyens français auraient accès comme les sujets du royaume de Suède aux notes de frais de leurs ministres sur simple présentation de leur carte d'identité, Mitterrand n'aurait pas envoyé nos soldats combattre aux côtés des génocidaires Hutus ou Sarkozy vendu de Mistral à Poutine, la présence de vingt mille Roms sur notre territoire ne tournerait pas à la psychose collective, nul ne connaîtrait les noms des promotions d'une ENA qui aurait d'ailleurs probablement disparu, la Constitution européenne proposée aux électeurs en 2005 aurait été fédérale, la décentralisation aurait eu lieu depuis des lustres, ce n'est pas Mitterrand qui aurait été élu en 1981, mais Rocard, pas Chirac en 1995, mais Delors, et ainsi de suite…

Il suffit de mettre un pied en Estonie ou au Danemark, d'aller à Berlin ou à Barcelone, de passer une heure dans une salle de classe finlandaise ou allemande pour comprendre que la République française, avec son école infiniment plus verticale que celle de nos voisins et ses dirigeants incroyablement plus aristocratiques que leurs confrères européens, n'est pas devenue « libérale-libertaire ». Il suffit de lire les journaux, de regarder les JT pour se rendre compte que le cosmopolitisme et le sans-frontiérisme n'ont pas triomphé dans une nation entichée de souverainisme et paniquée par l'immigration (selon une enquête du Cevipof publiée en janvier 2014, 67 % des Français pensent qu'il y a trop d'immigrés en France). Bref, il suffit de faire un pas de côté et d'ouvrir les yeux pour voir que Cohn-Bendit, Kouchner, mes parents, et tous ces supposés « rois de l'époque » parmi lesquels j'ai grandi, ont perdu.

Ils ont perdu car, au fond, ils n'ont jamais cherché à « gagner ». Ils ont libéré les mœurs, créé des ONG ou des médias, dominé un temps l'opinion. Mais ils ont ignoré les partis, les institutions, l'État. En 2009, annonçant sur France Inter son refus de se présenter à la présidentielle, malgré son triomphe aux européennes et l'enthousiasme du peuple de gauche à son égard, Cohn-Bendit livra les clés de compréhension d'un renoncement générationnel : « Pour une fois, vous, les journalistes et les politiciens, pouvez-vous me croire ? La présidentielle ne m'intéresse pas du tout... Moi, déclarant vouloir être président, ce n'est pas crédible. Pourquoi ? Simplement parce que je n'en ai pas envie, que ça se sent et que ça se voit. Je n'ai pas envie de mettre de cravate, voilà tout. »

Contrairement à ce qu'il est de bon ton de répéter, les soixante-huitards ne se renièrent jamais. Ils demeurèrent fidèles à leurs passions et à leurs impasses adolescentes. Ils ne « mirent pas de cravate » et laissèrent l'État entre les mains d'une élite conservatrice de droite ou de gauche, formée sur les bancs de l'ENA bien plus que sur les barricades du Quartier latin. Des énarques ou assimilés qui, à leur tour, furent ravis de voir les enfants de Mai s'emparer des sphères morales et intellectuelles qu'ils avaient toujours souverainement méprisées.

Pareille division des tâches éclata au grand jour le 21 juin 1977, lors de la visite apparemment anecdotique du dirigeant soviétique Léonid Brejnev à Paris. Le président Giscard l'accueillit à l'Élysée sans un mot pour les droits de l'homme. À la même heure, au théâtre Récamier, mes parents organisèrent avec Simone de Beauvoir, Sartre, Deleuze, Ionesco, Foucault, Montand, les ouvriers insurgés de Lip, la CFDT et une foule d'anonymes, la réception en grande pompe des dissidents Boukovski, Pliouchtch, Gorbanevskaya... Cent cinq médias français et internationaux se pressèrent autour de Sartre, deux ou trois fois plus que pour Giscard et Brejnev. Le magistère de l'opinion quittait la rue du Faubourg-Saint-Honoré pour la rue Récamier.

Mais il n'y eut jamais transfert complet, comme feint de le croire Zemmour : le « pouvoir effectif » resta à l'Élysée et ne se convertit pas au libéralisme libertaire. Il demeura intact, identique à lui-même. Pour reprendre la terminologie d'Alain de Benoist, la « métapolitique » migra dans le monde horizontal du Récamier quand la « politique » – les institutions étatiques et les partis – resta dans l'espace vertical de la Ve République gaulliste. Scindée en deux, la France devint schizophrène.

La politique au sens noble, comprise comme la rencontre des idéaux portés par une société et des institutions qu'elle se donne pour les mettre en pratique, vécut écartelée jusqu'à l'agonie. Les institutions sans idée dépérirent et l'opinion sans attache institutionnelle se lassa, puis s'inversa. La débâcle des deux camps prépara le triomphe des néo-gramsciens d'ultra-droite qui, eux, entendent bâtir les ponts que nos aînés ont refusé de construire, s'emparer à la fois des mégaphones *et* de l'État, conquérir le Récamier *et* l'Élysée.

Éric Zemmour prend la pose du kamikaze en s'attaquant à une pensée soixante-huitarde déjà moribonde. Mais, au fond, comme Buisson, comme Benoist, il se fout de Dany et de 68. Son attaque vise plus grand, plus loin, plus large que des événements vieux de quarante ans dont tout le monde se moque sauf ceux qui les ont faits et en gardent de beaux souvenirs.

1940 n'a pas eu lieu

L'homme qui ose « tout dire » ne peut révéler le cœur de l'affaire. D'où les silences et les contradictions qui émaillent sa croisade. Il jure ne pas participer au jeu politique et fait relire son manuscrit par le directeur de cabinet de Marine Le Pen. Il joue au pourfendeur des communautarismes quand il s'agit du CRIF ou de l'UOIF et soutient ardemment la très catholique et très lobbyiste Manif pour Tous. Surtout : il dit révérer de Gaulle tout en réhabilitant Pétain et l'OAS.

Plus importantes et moins relevées que ses élucubrations sur les Juifs, Vichy ou Paxton, il y a ces lignes du *Suicide français* : «Pétain et de Gaulle avaient la même stratégie : mettre coûte que coûte la France dans le camp des vainqueurs, ils s'opposaient seulement sur le nom de ce dernier.» «Seulement» : l'adverbe revient chaque fois que Zemmour évoque la différence entre de Gaulle et Pétain (cinq lignes plus haut : «Le Général avait *seulement* repris dans ses mains l'épée de la France que le glorieux Maréchal avait remisée dans son fourreau.»), et il ne s'agit pas d'un manque de vocabulaire.

Ce «seulement» forme le cœur de l'offensive zemmourienne. Il efface la césure de 1940 qui divise les droites entre la républicaine et la réactionnaire, la résistante et la collabo. Pétain et de Gaulle ? Une simple divergence d'analyse ! De Gaulle a été plus clairvoyant, voilà tout, sans doute parce qu'il était plus jeune. Pas de quoi en faire une montagne. La fracture éthique, politique, idéologique de l'été 1940 n'a plus lieu d'être car elle n'eut, au fond, jamais lieu. Les tabous qu'elle a engendrés peuvent dès lors disparaître.

Le même coup de gomme est passé sur 1961, le putsch des généraux, l'OAS. Lors d'un débat sur I-Télé avec le journaliste Nicolas Domenach, le 7 mars 2014, Éric Zemmour déclare : « De Gaulle et l'OAS, c'est pas les méchants d'un côté et les gentils de l'autre », il s'agit de « deux amours de la France ». Ceux qui ont soutenu un coup d'État militaire et ceux qui ont défendu la République, ceux qui ont posé des bombes et ceux qui ont sauvé les institutions sont des « patriotes » qu'aucun gouffre ne sépare. En effaçant les marqueurs de 1940 et 1961, Zemmour siffle la fin de ce qu'il appelle la « guerre civile entre les droites ». Sous sa plume, le choix entre la République et son antithèse (la Révolution nationale, le putsch des généraux) ne veut plus rien dire.

Marine Le Pen peut s'éviter l'ennuyeux périple à Yad Vashem, les gerbes de fleurs pour les enfants juifs et les larmes pour les caméras. Le tabou moral ostracisant le camp des traîtres empêche les seniors de rallier le FN : bien qu'ils soient plus conservateurs, plus à droite, plus craintifs vis-à-vis de l'immigration et plus hostiles au multiculturalisme que le reste de la population, les plus de soixante-cinq ans votent moins Le Pen que les autres. À cause de l'Histoire : à leurs yeux, 1940 et 1961 ne sont pas des dates préhistoriques et le FN demeure marqué du sceau des réprouvés. Revisitée avec des objectifs politiques on ne peut plus contemporains par Éric Zemmour, l'Histoire ne produit plus le même sens. Une fois les marqueurs disparus, les frontières se dissolvent et la porosité entre l'UMP et le FN croît de jour en jour. L'OPA lepenisto-zemmourienne sur la droite française est en bonne voie. Les vieux électeurs gaullistes peuvent basculer dans le camp des héritiers de Brasillach et Salan.

1940 et 1961 sont insignifiants, 1917 est nul et non avenu, comme le montrent les pages énamourées de Zemmour sur le «gaullisme» supposé du dirigeant communiste Georges Marchais : la seule rupture qui compte, c'est celle de 1968, un mythe absolu qui permet d'œuvrer à une grande revanche réactionnaire et à la réhabilitation des figures et des idées antirépublicaines. Car derrière les totems du «joli mois de Mai», ce sont les idéaux des Lumières qui sont visés.

Une contre-révolution intellectuelle

Le 26 août 1792, moins de trois ans après son arrivée à Paris en provenance de sa Prusse natale, dont il a fui le régime oppressif, Anacharsis Cloots devient citoyen français par décret de l'Assemblée législative «parce que tout homme épris de liberté appartient à la république universelle». Infiniment plus vite que dans la société passoire soi-disant issue de 68. La «nation universelle» (Ernest Renan) que la France est devenue avec la Déclaration des droits de l'homme et du citoyen de 1789 a toujours fait face au procès en «sans-frontiérisme » que Zemmour prétend restreindre à Kouchner, Glucksmann, Lévy, Cohn-Bendit et consorts. Alexis de Tocqueville, qui n'était ni anarchiste, ni Juif, ni Allemand et n'avait plus l'âge de participer aux AG de Nanterre, à l'aventure de MSF ou à la défense des Tchétchènes, voyait dans ce « sans-frontiérisme » une spécificité bien française : « Toutes les révolutions civiles et politiques ont eu une patrie et s'y sont renfermées. La Révolution française seule n'a pas eu de territoire propre ; bien plus, son effet a été d'effacer en quelque sorte de la carte toutes les anciennes frontières. » En prétendant tirer à boulets rouges sur le « droit-de-l'hommisme » post-soixante-huitard, c'est la France des Droits de l'homme que l'on attaque.

Selon Zemmour, le cosmopolitisme et l'universalisme d'élites libérales-libertaires droguées à la « moraline » reposent sur un rapport abstrait, vide, à la nation et à l'individu. En gros, Kouchner aime l'homme en général, mais il se contrefiche du Beauceron ou du Normand. Exactement la critique des constitutions républicaines faite par de Maistre : « La Constitution de 1795, tout comme ses aînées, est faite pour l'homme. Or, il n'y a point d'homme dans le monde. J'ai vu, dans ma vie, des Français, des Italiens, des Russes, etc. ; je sais même, grâce à Montesquieu, qu'on peut être persan ; mais quant à l'homme, je déclare ne l'avoir rencontré de ma vie ; s'il existe, c'est bien à mon insu. » Nous touchons là au cœur d'une bataille idéologique vieille de trois siècles au moins : « l'homme » que les Lumières prétendent émanciper existe-t-il ? Ou n'est-il qu'une illusion menant au délitement de tout lien social ?

La réponse de Zemmour, de Maistre et de tous les penseurs réactionnaires est cinglante : cet « homme » abstrait, c'est-à-dire soustrait aux déterminismes sociaux, locaux, religieux, est un mythe dangereux. À éradiquer. L'identité d'une nation, la substance d'un peuple, le contenu d'un individu sont les produits d'un long processus d'enracinement, une lente infusion, un héritage. *Le Suicide français* retrouve les accents de Barrès écrivant dans *Amori et Dolori Sacrum* (1903) : « Certaines personnes se croient d'autant mieux cultivées qu'elles ont étouffé la voix du sang et l'instinct du terroir. Quant à nous, pour nous sauver d'une stérile anarchie, nous voulons nous relier à notre terre et à nos morts. »

La nation républicaine, au contraire, se projette dès l'origine dans l'avenir. Elle se définit comme un « plébiscite quotidien » que les théoriciens de la IIIe République opposèrent au *Volk* allemand dont on hérite et qui nous enferme. Une propagande d'État bien huilée distinguait, de 1870 à 1914, la culture française et la nature allemande, la société ouverte et la communauté fermée, le Français qui marche sur la tête, guidé par ses idées, et l'Allemand que ses omnipotentes racines empêchent d'avancer, l'homme qui se projette avec confiance dans l'avenir et celui qui ne voit pas plus loin que son arbre généalogique.

L'école de Jules Ferry que Zemmour prétend réhabiliter face aux assauts imaginaires de Cohn-Bendit fut d'abord une réponse politique, sans doute la plus profonde, la plus efficace jamais produite, au triomphe monarchiste lors des premières élections au suffrage universel. Elle est un projet idéologique visant à voler l'écolier à son environnement immédiat – ses parents, sa terre et son curé. Il s'agissait pour Ferry et les autres de former un citoyen en lieu et place du fils, du sujet, du fidèle. Enraciner la République supposait de déraciner les jeunes Français. Les «hussards noirs» furent envoyés dans les régions pour extraire, *abstraire* les enfants des pesanteurs locales, leur faire oublier – *de force* – leur patois comme leur Pater noster. Pas exactement le programme de la Manif pour tous ou le culte néo-barrésien du terroir.

Les procès conjoints en individualisme et en communautarisme que Zemmour intente à la société post-soixante-huitarde n'innovent pas davantage : ils bégaient les diatribes de Maurras contre les hommes «étiolés» engendrés par les Lumières et les «États dans l'État» que la République concède aux minorités. Tout découle, selon les penseurs réactionnaires, de l'absence d'incarnation du pouvoir, du refus de la verticalité autocratique : «Nous n'avons plus d'État, nous n'avons que des administrations» dit Maurras, «la gouvernance a remplacé le gouvernement» reprend son héritier un siècle plus tard. Lorsque la France cesse d'être «incarnée», les minorités, visibles ou invisibles, instaurent le règne des lobbies : vieille rengaine de l'ultra-droite qui fait un retour triomphal dans le discours public. Au nom de la défense de la République cette fois, mais d'une république vidée de tout contenu cosmopolite, universaliste, progressiste. Vidée d'elle-même.

Éric Zemmour profite du silence de nos élites sur de nombreux problèmes, dont la montée du communautarisme. L'aphonie généralisée face à la progression de l'islamisme fait le succès de ses amalgames et le triomphe de ses raccourcis. Les incohérences, les non-dits, les complicités d'une partie de la classe politique qu'il décrit existent bel et bien. Mais non, il ne défend pas la République contre les communautarismes. L'islamisme n'est pas son problème essentiel ou sa cible principale. Il n'en analyse ni les logiques ni les messages. L'islamisme n'est qu'un argument parmi d'autres «prouvant» l'échec du melting-pot, du déracinement, du cosmopolitisme, du progressisme, du message universel des Lumières, bref, de tout ce que nous entendons depuis plus de deux siècles par «République».

Il aime la France, c'est indéniable, mais pas les principes qui ont fondé la nation républicaine. Il aime une autre France, une France mythique qui n'a jamais réellement existé et au nom de laquelle des générations d'intellectuels d'extrême droite se sont permis de détester le pays dans lequel ils vivaient, la France de leur époque, de leur temps.

Pareille logique forme le cœur de toutes les réactions, quel que soit leur drapeau ou leur langue : elle est également à l'œuvre dans le salafisme que Zemmour combat. Les idéologues islamistes sont entrés en guerre contre les pratiques contemporaines ou traditionnelles de l'islam au nom d'une pureté originelle, d'un retour aux temps fantasmés des premiers califes. Le salafiste n'est pas plus un conservateur ou un « traditionaliste » que de Maistre ou Zemmour. Il abolit, détruit, supprime ce qui est là.

Le réactionnaire fleurit dans les périodes de crise. Seule la déchéance des clercs permet l'essor de Zemmour. Si les professeurs d'université avaient encore voix au chapitre, ses approximations historiques n'auraient jamais rencontré un tel écho. Le succès des héritiers de Barrès et Maurras correspond donc parfaitement à l'époque. Il n'est que le prolongement hexagonal d'une lame de fond globale.

« L'anti-mode d'emploi »

Dans le bureau du Président Saakachvili,
Tbilissi, 1er octobre 2012

« Kakhétie : Rêve géorgien 48 %, Mouvement national 47 % ; Koutaïssi : Rêve géorgien 55 %, Mouvement national 38 % ; Mtskheta : 60/32... »

Un silence de plomb accueille les résultats des élections législatives que je viens de recevoir par mail et que j'égrène région par région, ville par ville. Mikheil Saakachvili, président de la Géorgie depuis la révolution démocratique de 2003, sourit tristement. Je le connais depuis dix ans et je ne l'ai jamais vu aussi calme. Giga Bokeria, son conseiller national à la Sécurité, se lève pour fumer une cigarette à la fenêtre. Gigi Ugulava, le maire de la capitale, feuillette le livre d'Anne Applebaum sur le Goulag.

Nous savons tous les quatre depuis quelques heures que nous avons perdu, mais nous découvrons seulement maintenant l'ampleur du désastre. Si les régions dominées par des minorités ethniques ou religieuses ont voté pour le « Mouvement national », notre parti, toutes les autres ont plébiscité la coalition formée par le milliardaire russo-géorgien à passeport français Bidzina Ivanichvili : le « Rêve géorgien ». Saakachvili brise le silence : « Nous avons été à contretemps depuis le début. Notre campagne fut un anti-mode d'emploi parfait. »

« Gourie : 58/38... »

Nous ne pouvions pas perdre. La Géorgie était le seul pays de l'ex-URSS où les post-ados des révolutions de couleur avaient réellement pris et exercé le pouvoir. La révolution des Roses de novembre 2003 déboucha sur une expérience politique inédite, menée par une équipe de jeunes idéalistes que des observateurs sceptiques nommèrent ironiquement « gouvernement Erasmus ». Des ministres sortant à peine de leurs universités européennes ou américaines entreprirent de changer leur pays de fond en comble.

L'absence de lien entre les révolutionnaires géorgiens et les puissances financières existantes permit, à la grande différence de l'Ukraine des années « orange », de mener une guerre sans merci contre la corruption. Cent pour cent des policiers furent renvoyés et de nouvelles forces de l'ordre furent créées. La Géorgie vécut sans flics dans les rues pendant des mois durant lesquels la criminalité baissa au lieu d'exploser. Les services publics furent totalement remodelés.

Pour dépasser les conflits ethniques qui minent traditionnellement le Caucase et menaçaient la Géorgie d'implosion, une politique post-identitaire fut méthodiquement mise en place. Un programme de discrimination positive visait à intégrer les populations arméniennes et azéries. Les cultes non-orthodoxes obtinrent une reconnaissance légale. Cela ne se fit pas sans heurts. Les images des nouvelles forces spéciales s'emparant en 2005 d'une église occupée par un prêtre fanatique et ses milices coupables d'attaques violentes contre les minorités religieuses tournèrent en boucle sur les télés de l'opposition. Mais il fallait que l'État l'emportât sur la foi et la race. Être géorgien devait devenir une question de citoyenneté, non plus une affaire d'ethnie ou de religion.

Les résultats des réformes furent spectaculaires. Le pays connut une croissance annuelle moyenne de 6 à 7 %, malgré l'embargo et l'invasion russes. Les investissements étrangers affluèrent en masse. *The Economist* qualifia l'expérience de « révolution mentale ». La Banque mondiale publia une étude fouillée sur les réformes géorgiennes qui avait pour titre « Combattre la corruption » et s'ouvrait sur cette question : « Comment la Géorgie a-t-elle réussi là où tant de gouvernements dans le monde ont échoué, même après des révolutions ? » Début 2012, en nous recevant dans le Bureau ovale, Barack Obama célébra devant les caméras « un modèle régional de transformation » : nous étions en phase avec l'époque, nous ne pouvions pas perdre.

Le 7 octobre 2011, moins d'un an avant le scrutin, le jour de la troisième visite de Nicolas Sarkozy à Tbilissi, l'oligarque Bidzina Ivanichvili lança le « Rêve géorgien », coalition électorale hétéroclite rassemblant la quasi-totalité des opposants à notre gouvernement. Concentrés sur la visite du président français, nous avons fait peu de cas de la conférence de presse de nos adversaires. Certes, la fortune personnelle d'Ivanichvili, supérieure au budget de l'État et représentant un tiers du PIB, avait de quoi nous inquiéter, mais nous nous rassurions en riant du ramassis de « losers » qui l'avaient rejoint.

Lors du congrès fondateur du parti « Rêve géorgien », celle qui en prit officiellement la tête, Manana Kobakhidze, proclama : « Lorsqu'un homme veut construire une démocratie en détruisant notre ethnopsychologie (*sic*) et notre éthique orthodoxes, qui voudra d'une telle démocratie ? Tout individu est considéré comme un membre égal de la société en Europe. Ce n'est pas acceptable pour nous, car cela s'oppose à l'éthique orthodoxe ! » Son discours donna le ton d'une campagne tournant au festival d'attaques contre les gays, les Arméniens, les Turcs, les musulmans, le gouvernement « non géorgien » qui les favorisait et oppressait la « majorité », les « vrais Géorgiens ».

Nous ne pouvions pas perdre et, surtout, ils ne pouvaient pas gagner : trop réacs, trop inadaptés à la Géorgie nouvelle. Voilà ce que j'expliquais fort doctement aux journalistes et aux diplomates de passage à

Tbilissi courant 2012. L'« ethno-psychologie » n'avait aucune chance face au taux de croissance et aux éloges d'Obama.

« Iméréti : 57/37, Batoumi… »

Je marque une courte pause, sidéré par les chiffres que j'ai sous les yeux. Batoumi était le symbole de notre réussite. Avant la révolution des Roses, ce port de la mer Noire vivait sous la coupe d'un satrape mafieux pro-russe, Aslan Abachidze, et ressemblait à un vaste bidonville. Début 2007, alors que nous marchions dans ses rues défoncées, Saabachvili me parla d'une cité balnéaire à reconstruire, pouvant accueillir chaque été des millions de touristes. Je me souviens avoir répondu en riant : « Il va peut-être falloir arrêter les drogues ! »

Cinq ans plus tard, plus d'un million de Turcs, de Russes, d'Azéris, d'Iraniens, d'Ukrainiens et de Polonais se pressaient dans ses hôtels, ses discothèques, ses restaurants. Le boom économique turc et la difficulté kafkaïenne de faire du business en Ukraine ou en Russie, combinés aux réformes géorgiennes, déversaient chaque année des centaines de millions d'euros sur la ville. Le McDonald's futuriste de Batoumi remporta des prix internationaux d'architecture, les grandes chaînes hôtelières occidentales multipliaient les projets, la Royal Caribbean et EasyJet annonçaient leur arrivée. Mais ce dont nous étions le plus fiers, c'était d'avoir su aménager, préserver ou créer ex-nihilo d'immenses espaces publics – des parcs, des promenades, des plages (aucune ne fut privatisée) – ornés de sculptures d'artistes contemporains célébrant la liberté et la rencontre des cultures.

À l'entrée du port trônait, pour accueillir les ferrys de touristes, *Ali et Nino*, immense statue animée représentant un musulman et une chrétienne en pleine étreinte amoureuse, leurs deux corps de lamelles d'acier s'interpénétrant jusqu'à ne former plus qu'un. Batoumi était l'un des rares lieux au monde où Israéliens et Iraniens dansaient dans les mêmes boîtes de nuit, où Arméniens et Azéris mangeaient sur les mêmes terrasses. Les synagogues, mosquées et autres temples furent restaurés puis rouverts en grande pompe. Alors que nous nous promenions sur le front de mer avec Hillary Clinton, trois mois avant les élections, des touristes iraniens se précipitèrent sur elle pour l'embrasser et chanter les louanges de l'Occident. Les officiers chargés de sa sécurité étaient paniqués et nous étions ravis. Batoumi projetait l'image d'une globalisation post-identitaire heureuse.

« Batoumi : 67/30… »

Micha lève les yeux au ciel. Son projet phare a voté à près de 70 % pour un homme, Murman Dumbadze, décrivant le développement cosmopolite de sa ville comme une colonisation ottomane et promettant, littéralement, l'enfer à nos partisans : « Si vous votez Mouvement national avec la main droite, vous aurez le cancer, si vous votez Mouvement national avec la main gauche, vous aurez la syphilis », se plaisait-il à répéter en conclusion de ses meetings. Il a laminé notre candidat, Giorgi Baramidze, ministre de l'Intégration euro-atlantique. Tout un symbole.

Dans *Forbes*, le journaliste et écrivain Melik Kaylan analyse notre défaite à la lumière de ce qu'il appelle « une révolte mondiale contre le XXIe siècle tel que l'Occident le conçoit » : « Le président Saakachvili a modernisé le pays à une vitesse sidérante, le libérant de la corruption post-soviétique qui hante la région dans son ensemble. Son parti et sa jeune équipe ont perdu les élections. Plus précisément : ils ont perdu les élections spécifiquement dans les lieux qu'ils avaient le plus modernisés. Le peuple s'est opposé à la vitesse et à la radicalité des changements. La coalition adverse dénonça l'Amérique imposant l'homosexualité dans les rangs de l'armée et le pays vendu aux étrangers... En dépit de leur rejet de la domination russe, les électeurs ont voté de fait pour le parti qui souhaitait apaiser Moscou. Pourquoi ? Pas pour plaire aux Russes, mais pour protéger leur identité, leurs traditions, leur nation... »

Nous étions sûrs de gagner et avons pris une branlée mémorable. Les causes de notre déroute étaient multiples : nous n'avions pas su passer d'une forme révolutionnaire de gouvernement à un mode participatif de gestion du pays ; les changements que nous imposions étaient perçus comme aliénants ; les prisons restèrent un angle mort de nos réformes qui nous explosa au visage sous la forme de vidéos de sévices faisant l'ouverture des JT dix jours avant l'élection ; la persistance d'une grande pauvreté rurale était le principal point noir de notre bilan. L'Église ultra-conservatrice avait pesé de tout son poids dans la bataille : les élections eurent lieu un lundi et, la veille, dans toutes les églises du pays, résonnèrent les mêmes prêches appelant à voter contre Satan. Enfin, la fortune démesurée de Bidzina Ivanichvili avait joué un rôle.

Mais il y eut surtout notre campagne, la pire possible dans un tel contexte : nous avons, bien malgré nous, livré un manuel de tout ce qu'il ne faut pas faire lorsqu'on est confronté à une vague identitaire. Nous avons bâti notre stratégie sur les sondages, qualitatifs ou quantitatifs, les « focus groupes », les données croisées et décroisées des enquêtes d'opinion. Et l'analyse qui en était faite par nos conseillers en communication. Je me souviens de longs exposés, fort convaincants, sur les priorités des citoyens – l'emploi, les salaires, l'accès aux soins – et la nécessité d'éviter toute envolée idéologique : « Nos adversaires font fausse route en parlant de valeurs, les gens veulent des résultats, des chiffres, des réformes. Du sérieux. Les journalistes poseront des questions politiques, répondez gestion. Ils demanderont du chocolat, donnez-leur des épinards.» Nous avions une «message box», nos opposants avaient une idéologie. L'«ethno-psychologie» balaya nos chiffres et nos courbes.

Notre devise – «Plus de bénéfices pour les citoyens» – s'adressait à l'électeur comme à un épicier, quand le nom même du «Rêve géorgien» parlait à son âme, à son cœur. Les slogans adverses – «Restauration de la justice», «Restauration de la dignité», «Restauration de l'identité» – étaient autant d'invitations à retourner à une «essence» dont nous moquions l'irrationalité, mais qui allait précipiter dans les bureaux de vote des centaines de milliers de Géorgiens qui n'avaient jamais voté. Nous n'avions plus de vision à proposer, nous étions devenus des notables, des gens qui «savent».

«Micha (Saakachvili NDLR) n'aime pas les gens, sinon pourquoi voudrait-il autant les changer ?» : Bidzina Ivanichvili nous avait bien fait marrer avec ses odes à l'amour en politique. Mais c'est lui qui se marre, désormais, sur l'écran de télé que nous regardons tous les quatre d'un air effaré. Aucun de nous ne les a pris au sérieux. Les individus qui s'autodéfinissent comme progressistes prennent rarement au sérieux leurs adversaires réactionnaires. Ils les décrètent inadéquats au monde tel qu'il est et plus encore tel qu'il est appelé à devenir. Mais qui définit ce qu'est l'époque ? Qui influence la marche du monde ? Qui donne son sens au siècle dans lequel nous évoluons tous ? Celui qui s'empare des âmes et des cœurs, celui qui gagne la bataille idéologique. Et nous l'avons perdue sans réellement la mener.

Après notre bérézina, un tête-à-tête fut organisé entre notre président défait et le nouvel homme fort du pays. Je me souviens encore de la tête que faisait Saakachvili quand Ivanichvili quitta son bureau : « Raphaël, nous sommes dans une merde inimaginable. Je lui ai parlé des institutions qu'il fallait préserver, puisqu'elles n'appartiennent ni à nous ni à lui, mais à l'État et au peuple géorgiens. De la différence entre une campagne électorale et la gestion d'un pays aussi. Après m'avoir dit que nous irions tous en prison, il m'a expliqué sans ciller que les institutions ne sont pas nécessaires ici, que l'État n'est rien comparé à la nation et à son âme. Je lui ai répondu que la nation et l'État ne pouvaient être opposés et que l'âme était une notion trop vague pour la politique. Il a ri, puis il a glosé sur la différence entre ma vision "importée" et la sienne, "réellement géorgienne", qui pose la primauté de l'identité nationale sur des superstructures étrangères au corps social... Ces gens-là croient réellement à ce qu'ils disent. »

Je pus contempler le résultat de nos prétentions et de leurs convictions, le 17 mai 2013, sous mes fenêtres : rassemblés dans le parc où je jouais chaque jour avec mon fils, des milliers de jeunes hommes armés de bâtons, encadrés par des prêtres en soutanes noires, hurlaient à la mort. À cinq minutes de là, place de la

Liberté, entre cent et deux cents personnes manifestaient calmement contre l'homophobie. Un pogrom allait avoir lieu. La police laissa faire. Les images tournent encore sur YouTube. Par miracle, il n'y eut pas de morts grâce aux bus envoyés par le maire, Gigi Ugulava, pour exfiltrer les défenseurs des droits des homosexuels roués de coups. Depuis, Gigi, pourtant élu au suffrage universel direct en 2010, a été destitué par un procureur, sans motif clair, à 2 heures du matin. Et, au moment où j'écris ces lignes, il croupit en prison. Saakachvili, lui, est en exil. Le « Rêve géorgien » a triomphé.

Quiconque est confronté à une vague identitaire peut tirer une triple leçon de notre fiasco caucasien : ne jamais se laisser réduire au statut de gestionnaire, ne jamais prendre de haut les réactionnaires et, surtout, ne jamais les laisser gagner. Car ils appliquent leur programme, eux. En 2012 comme en 2003, la Géorgie a connu une « insurrection civile », pour reprendre les termes de Bidzina Ivanichvili. Mais dans un sens opposé : une révolte contre l'époque bien dans l'air du temps.

L'extrême droite à l'assaut de l'Europe

L'heure d'un basculement historique approche. Lors des élections européennes du 25 mai 2014, les nationalistes de l'UKIP et du FN arrivèrent en tête en Grande-Bretagne et en France ; la droite ultra-conservatrice de Viktor Orban et le Jobbik néonazi totalisèrent à eux deux plus de 60 % des voix en Hongrie ; les Démocrates Suédois, xénophobes et antieuropéens, percèrent au royaume de la transparence ouverte et heureuse ; le FPÖ autrichien progressa de près de dix points, en dépit de la concurrence d'un autre parti encore plus identitaire.

Certains commentateurs se sont rassurés en se livrant à des analyses locales du vote : partout, les gouvernements en place et les partis classiques firent des erreurs expliquant leur défaite. Probable. Mais pourquoi pareils faux pas profitent-ils partout aux mêmes ? Aucun des pays que nous avons cités n'a connu la purge imposée à la Grèce par la Commission et le FMI. Pourtant, l'appel à restaurer la « dignité » et l'« identité » bafouées par l'UE y a rencontré un écho dévastateur. Une vague réactionnaire continentale s'est formée.

L'extrême droite semble aux portes du pouvoir et tous les autres partis se demandent comment lui barrer la route, oscillant entre la « solution » suédoise (un pacte de non-agression unissant droite et gauche pour contrecarrer ses progrès) et son inverse danoise (la faire entrer au gouvernement pour administrer la preuve de son inefficacité ou la « normaliser »). Les deux modèles comportent des risques immenses. Stockholm, validant les diatribes lepénistes sur l'UMPS, pose l'extrême droite en unique opposition véritable quand Copenhague lui ouvre les institutions. Et, tant qu'elle sera la seule à représenter une alternative au statu quo, aucune stratégie ne fonctionnera.

J'ai croisé dans un bar de Kiev, grâce à un ami commun, le patron de l'agence de communication roumaine qui assure la stratégie online du Front national, certaines délocalisations trouvant grâce apparemment aux yeux de Marine Le Pen. Jeune homme ouvert et dynamique, un brin cynique et pas nationaliste pour un sou, il m'a expliqué en ces termes les succès de ses clients en France et de leurs petits camarades ailleurs en Europe : « L'extrême droite fait de la politique quand les autres vendent du PQ, et l'être humain préfère acheter des idées, même dangereuses, que des rouleaux de papier-toilette, même bien empaquetés et soldés. »

Les partis réactionnaires européens ont des racines différentes et ne sont pas tous aussi radicaux : l'UKIP n'est pas le FN qui n'est pas non plus le Jobbik. Les populistes britanniques ou scandinaves refusent de s'allier avec une famille Le Pen suspecte d'antisémitisme qui elle-même maintient à distance les néonazis hongrois. Ces mouvements ont des divergences de fond sur l'économie, l'avortement ou l'homosexualité. Mais ils partagent une aversion épidermique pour l'Union européenne et un rejet sanguin du sans-frontiérisme. « Souverainistes », ils promettent de renverser la « dictature bruxelloise » et de restaurer les droits de la « majorité silencieuse » ou du « peuple majoritaire » contre la « tyrannie » du « politiquement correct » et le règne des « lobbies ». Ils épousent tous l'axiome comme le syllogisme d'Éric Zemmour : le triomphe des libéraux-libertaires en Europe est avéré et Bruxelles en est l'émanation, le réveil des peuples passe donc par le démantèlement de l'UE et la défaite des valeurs qui la sous-tendent.

Le succès des mouvements identitaires comme Pegida en Allemagne, sur fond de peur de l'islamisme, relève d'une dynamique sociopolitique paradoxale. Les forces d'extrême droite, qui prônent la dislocation de toutes les structures occidentales existantes et vilipendent les modes de vie européens, bénéficient de chaque attentat ciblant ces structures et ces modes de vie. Pegida et les salafistes s'affrontent, se stigmatisent, se menacent, et se renforcent en s'affrontant, nourrissant leurs fantasmes réciproques. Mais ils ont, en définitive, le même ennemi, la société ouverte, le multiculturalisme, le cosmopolitisme.

L'Europe a déjà connu pareille dynamique dans les années 1930. Les documents du Komintern appelaient cela « le sandwich » : les démocrates étaient pris en étau entre les staliniens et les fascistes, chaque progrès communiste conduisant à une réaction ultra-droitière et vice-versa. Toute panique provoque une montée aux extrêmes et les tenants de l'ouverture s'épuisent à combattre deux ennemis en même temps, jusqu'à l'effondrement.

Nous n'en sommes pas encore là, mais Pegida, avec sa structure décentralisée, trans-partisane et ses happenings de « résistants », invente une méthode efficace vouée à se répandre partout. La branche française de l'organisation allemande fut lancée lors d'une conférence de presse le 18 janvier 2015, dans la foulée des attentats contre *Charlie Hebdo* et l'Hyper Cacher. L'écrivain Renaud Camus, connu pour avoir popularisé la thèse du « grand remplacement » des populations européennes judéo-chrétiennes par une immigration de peuplement musulmane, y a parlé d'une « Internationale pégidiste », dont l'ambition est d'importer en Europe les méthodes de gestion des minorités de Vladimir Poutine, qualifié par Camus de « visionnaire » en la matière.

Des identitaires français aux nationalistes hongrois, les tenants d'une croisade contre le cosmopolitisme bruxellois et sa complaisance supposée à l'égard d'une « islamisation » fantasmée du continent ont trouvé en Poutine leur modèle. L'homme qui promet de « buter les terroristes jusque dans les chiottes » et massacre plus de 100 000 Tchétchènes pour éliminer « 3 000 djihadistes » est perçu comme l'acteur principal du retour des nations sur la scène mondiale, le seul rempart contre le XXIe siècle post-identitaire forgé par nos élites apatrides.

Nigel Farage, le chef de l'UKIP, cite l'ancien agent du KGB comme le dernier grand homme d'État (*GQ* de mars 2014). Marine Le Pen va plus loin : « J'admire le sang-froid de Poutine. Car il lui est mené une guerre froide par l'Union européenne sous l'impulsion des États-Unis qui défendent là des intérêts qui leur sont personnels. J'admire qu'il ait réussi à rendre à une grande nation qui a été tout de même humiliée et persécutée pendant soixante-dix ans une fierté, une joie de vivre » (interview accordée à Euronews, le 1er décembre 2014).

Pareille fascination transcende les querelles de chapelle qui minent régulièrement l'extrême droite européenne et française. Ainsi Alain Soral et Aymeric Chauprade, le grand manitou de la géopolitique au FN, s'écharpent-ils constamment – le premier étant d'abord antijuif quand le second est avant tout antimusulman – mais s'unissent dans la célébration du « modèle russe ». Vladimir Poutine est « le chef d'État le plus légitime du monde », selon Chauprade qui appelle, le 13 juin

2013, depuis la Russie, «tous les patriotes du monde à se tourner vers Moscou». Soral, quant à lui, s'extasie devant la «virilité aryenne de Poutine», subjuguant «le sémite Elkabach, soumis comme une femme», lors de l'interview du Président russe sur TF1 et Europe 1, le 4 juin 2014.

Pour suivre leur parrain, les leaders nationalistes sont prêts à saborder leur sacro-saint principe de souveraineté des nations : le 16 mars 2014, lors du référendum tenu sous la menace des armes en Crimée et visant à démembrer illégalement la nation ukrainienne, les «observateurs» internationaux venaient du FN, du FPÖ autrichien, de Forza Italia, du Jobbik hongrois. La révolution patriotique de Maïdan, la résistance d'un peuple européen contre un Empire auraient pu séduire des mouvements soi-disant «souverainistes». Il n'en fut rien. Dès le début de la crise ukrainienne, toutes les extrêmes droites européennes firent bloc autour du Kremlin. Contre l'UE, contre leurs pays respectifs.

Il faut dire que de plus en plus de partis de la Nouvelle Droite européenne bénéficient de prêts ou de dons de milliardaires russes inféodés à Vladimir Poutine, notamment via les banques qu'ils possèdent et dont ils sont les actionnaires uniques. Ainsi, selon le site Mediapart, la First Czech-Russian Bank, sise à Moscou et tenue par un proche du pouvoir russe, a-t-elle consenti un prêt de quarante millions d'euros au FN, couvrant l'ensemble des dépenses du parti jusqu'aux élections de

2017. Le deal conclu par l'eurodéputé Jean-Luc Schaffhauser, «observateur électoral» en Crimée et dans le Donbass, n'a rien d'illégal en soi. À condition qu'il s'agisse bien d'un prêt.

Or, les banques post-soviétiques tenues par des oligarques affiliés au Kremlin n'ont pas le même mode de fonctionnement, la même raison d'être que les banques occidentales. «Nos» banques ont pour objectif de gagner de l'argent, par tous les moyens, y compris les plus douteux. À l'inverse, les banques du système Poutine ont pour raison d'être d'en distribuer, d'en échanger contre de l'influence, via des prêts dont le remboursement est rarement exigé. Elles sont des outils au service d'une stratégie politique.

J'en fis l'expérience en Géorgie. Le milliardaire Bidzina Ivanichvili possède la Cartu Bank, établissement dont il est le seul actionnaire et dont il renfloue constamment les caisses déficitaires. Elle multiplia les prêts comme des petits pains sans exiger de remboursement, permettant à son propriétaire de convertir son fric en milliers de «loyautés» et d'enrôler des pans entiers de la société à son service. En période préélectorale, pareille pratique revient à financer illégalement une campagne ou à acheter des votes. Lorsque nous avons pris des mesures contre la Cartu Bank en 2012, les diplomates occidentaux ont défilé dans mon bureau pour protester : «Vous politisez l'économie!» m'a asséné une bureaucrate américaine outrée. Le fait qu'un oligarque puisse monétiser la politique la choquait moins.

Nous avons peut-être eu tort de placer la Cartu Bank sous la tutelle de l'État pendant six mois, mais j'attends de voir comment les dirigeants européens vont gérer le renflouement des partis dits « souverainistes » par les banques russes. Car le FN n'est pas un cas isolé. Les services secrets allemands ont révélé qu'ils enquêtaient sur les financements moscovites de la très eurosceptique Alternative für Deutschland (AfD) et du NPD néonazi. Le Parlement autrichien débat des emprunts russes du FPÖ. Sans compter la myriade d'ONG et de fondations réactionnaires qui bénéficient des largesses poutiniennes. Financement direct ou indirect ne veut pas dire contrôle : le FN, le Jobbik, le FPÖ et l'AfD ne signent pas de contrat les obligeant à soutenir les politiques impérialistes de la Russie. Mais lorsque l'argent et les idées vont dans le même sens, sans doute peut-on parler de « loyautés ».

Fascinées par Poutine, liées financièrement à Moscou, idéologiquement proches du régime russe, les extrêmes droites européennes cherchent à l'Est un contre-modèle à opposer aux démocraties occidentales décadentes, une alternative aux sociétés cosmopolites et déracinées dans lesquelles elles évoluent et qu'elles abhorrent. En faisant cela, elles n'inventent rien et s'inscrivent dans une tradition qui remonte à la Révolution française. Les visites des Le Pen père et fille à Moscou font écho à l'exil originel d'un Joseph de Maistre fuyant l'Europe révolutionnaire vers Saint-Petersbourg et son autocratie immaculée.

Lorsque Zemmour déclare « préférer cent fois vivre sous Poutine que sous Cohn-Bendit » ou lorsque de Villiers propose d'échanger « Hollande et Sarkozy contre Poutine », ils retrouvent le vieux fantasme des penseurs et des acteurs contre-révolutionnaires français et européens, celui d'une terre immunisée contre les idées des Lumières qui ont ravagé l'Europe, d'une identité affirmée sans fard, d'un État qui ne s'excuse pas d'exister. Une utopie réactionnaire.

« Abattre le libéralisme »

Palais Lichtenstein, Vienne, le 31 mai 2014

Konstantin Malofeev a vu les choses en grand. Pour accueillir le ban et l'arrière-ban de l'extrême droite européenne, l'oligarque proche de Poutine a loué le somptueux palais Lichtenstein de Vienne. Au milieu des fresques et des statues baroques défilent un prince espagnol, une héritière italienne de la dynastie industrielle Agnelli, les leaders des partis ultra-nationalistes hongrois, croates, bulgares, des Géorgiens auréolés de leur triomphe contre l'Antéchrist régional Mikheil Saakachvili, Heinz-Christian Strache, le charismatique chef du FPÖ autrichien... Aymeric Chauprade, fraîchement élu député européen, et Marion Maréchal-Le Pen se joignent au gratin de la réaction continentale pour célébrer les deux cents ans de la Sainte-Alliance.

Pacte politico-militaire signé entre la Prusse, l'Autriche et la Russie à la chute de Napoléon, la Sainte-Alliance n'est pourtant pas un thème évident pour un « premier parti de France » en pleine phase de « dédiabolisation ». Son but affiché était en effet d'empêcher la renaissance de la « Grande Nation » et de tuer dans l'œuf toute velléité républicaine sur le Vieux Continent. Le tsar Alexandre Ier l'avait initiée pour imposer des politiques contre-révolutionnaires à tous les États d'Europe, passant outre les souverainetés nationales. La Grande-Bretagne, fer de lance des guerres antinapoléoniennes, refusa de rejoindre pareilles noces idéologiques. Londres rejetait l'hégémonie française mais ne cherchait pas à ensevelir les Lumières sous les ruines de l'Empire napoléonien. Moscou, au contraire, entendait enterrer Voltaire et Kant avec le bonapartisme. La Sainte-Alliance devait en finir avec le libéralisme politique. Chauprade et Le Pen célèbrent donc l'événement le plus antifrançais et antirépublicain du XIXe siècle en compagnie d'antisémites notoires venus de toute l'Europe centrale. La « dédiabolisation » ne résiste pas à une invitation de Konstantin Malofeev.

Car l'hôte de ces agapes réactionnaires n'est pas n'importe quel oligarque. Sa Fondation Saint-Basile-le-Grand prend en charge aussi bien les tournées à l'étranger des dirigeants de la Manif Pour Tous que certains raouts internationaux des organisations de la droite chrétienne américaine. Grand argentier de la guerre menée contre l'Ukraine, officiellement recherché par la justice de Kiev, figurant en bonne place sur la liste des dirigeants russes visés par les sanctions de l'Union européenne, Malofeev est au cœur du système Poutine.

L'homme qui a commandé les premiers escadrons russes à pénétrer dans le Donbass, le colonel Strelkov, est l'ancien chef de sa sécurité personnelle. Un autre de ses employés, Alexandre Borodaï, vient tout juste, le 16 mai 2014, de s'autoproclamer Premier ministre de la République populaire de Donetsk. L'Ukraine est la grande affaire du moment. Mais, aux yeux de Malofeev, le sommet de Vienne fait partie de la même croisade que les combats du Donbass.

Ce 31 mai, il dirige les débats d'une main de fer. Lorsque le leader du FPÖ, Heinz-Christian Strache, sort son smartphone en pleine discussion sur les lobbies gays et atlantistes pour faire un selfie, Malofeev le réprimande sévèrement. La réunion est supposée demeurer secrète. Pourtant, un journaliste suisse allemand, Bernhard Odehnal, a réussi à se glisser parmi les invités. Il livre dans le *Tages Anzheiger* le récit surréaliste d'une assemblée de politiciens européens appelant de leurs vœux une nouvelle Sainte-Alliance, dirigée une fois encore par Moscou, pour abolir la tyrannie des «minorités» en Europe et mettre fin à l'hégémonie américaine dans le monde.

Selon Odehnal, la star incontestée de l'événement n'est pas l'hôte milliardaire, mais Alexandre Douguine, le père idéologique de l'Union eurasienne, l'alternative «civilisationnelle» à l'UE dont Vladimir Poutine a fait l'étendard de son règne. Il est venu enrôler les leaders d'extrême droite présents à Vienne dans la «révolution conservatrice » qu'il planifie depuis de longues années. Il leur parle de la guerre en cours en Ukraine comme d'un « Printemps russe », écho inversé du « printemps arabe ». Il leur répète ensuite ce qu'il a dit quelques semaines plus tôt à la télé russe : « Nous devons conquérir intellectuellement l'Europe, nous avons besoin d'une cinquième colonne conservatrice dans chaque pays. Ce sont les intellectuels, les penseurs, les politiques européens prêts à défendre leur identité, leurs racines, qui nous permettront d'abattre le libéralisme une fois pour toutes. »

Le philosophe qui captive son auditoire sous les dorures du palais Lichtenstein est tout sauf un inconnu dans la galaxie réactionnaire européenne. Il fréquente l'extrême droite française depuis plus de vingt ans. Dès la chute de l'URSS, il organise la venue à Moscou d'Alain de Benoist. Son livre phare, *La Quatrième théorie politique,* dont l'édition internationale est préfacée par Alain Soral, cite dès le deuxième paragraphe le fondateur de la Nouvelle Droite comme le précurseur du renouveau réactionnaire en cours. Sur *russia.ru,* il explique longuement pourquoi : Alain de Benoist, en « volant Gramsci à la gauche marxiste », a permis de « rendre le conservatisme révolutionnaire » et de construire une pensée réactionnaire à la fois juste théoriquement et pratiquement opérationnelle autour des concepts d'« hégémonie culturelle » et de « contre-hégémonie culturelle ». Douguine ajoute aux concepts de Gramsci et Benoist l'épithète «globale» : l'Occident libéral s'étant mondialisé, la «révolution conservatrice» se doit d'être mondiale, elle aussi.

Dès son premier opus publié en 1992, *La grande guerre des continents*, il renoue avec les épopées philosophiques alors passées de mode en Occident. L'Histoire est, selon lui, structurée par le conflit opposant depuis toujours les puissances terriennes, qu'il appelle «Rome éternelle», aux puissances maritimes, qu'il nomme «Carthage éternelle». Les premières sont fondées sur une approche holistique de la société, tendent vers l'État total et sont animées par un idéalisme collectif sans limite. Les secondes reposent sur l'individualisme, le cosmopolitisme, le commerce, la licence morale.

Ce conflit est global, traverse les âges et, surtout, ne s'arrête pas en 1989. Douguine structure sa pensée contre les grandes théories occidentales des années 1990, contre Fukuyama et Huntington. Les conflits idéologiques continuent malgré la chute du mur de Berlin et ils ne se résument à aucun bloc de civilisation. «Rome» et «Carthage», la «tellurocratie» et la «thalassocratie» migrent au cours du temps et sautent de continent en continent, de civilisation en civilisation. «Rome» s'installa à Berlin, Tokyo ou Moscou au XXe siècle, elle se retrouve aujourd'hui à Téhéran, Damas, Caracas, Moscou à nouveau, partout où s'affirment des rejets du libéralisme globalisé de «Carthage».

Douguine reprend, développe, adapte les développements juridico-philosophiques du théoricien nazi Carl Schmitt faisant – au cœur de la Deuxième Guerre mondiale – de l'opposition terre/mer le moteur dialectique de la géopolitique et de l'Histoire. Carl Schmitt reprochait même à Hitler, dans ses notes, d'avoir attaqué l'URSS, une autre puissance tellurique, au lieu de se concentrer sur Londres et New York. Il n'a cessé ensuite de chercher des pôles de résistance à la « maritimisation » des esprits. Son approche est devenue un leitmotiv de la pensée réactionnaire contemporaine. Elle se retrouve en France sous la plume d'Éric Zemmour vitupérant « notre monde ouvert, fluide, sans ordre ni référence [...], imposé par les puissances maritimes et marchandes, que tout au long de son Histoire, la France a obstinément combattu par le fer et par le feu » (*Le Suicide français*, p. 46), avant de conclure : « C'est toujours le même affrontement entre la terre et la mer. » Chez Douguine, la dialectique héritée des penseurs nazis les plus intelligents devient la clé de voûte d'un système idéologique autrement plus puissant que *Le Suicide français*.

Son rapport au IIIe Reich est particulièrement éclairant. Il admire l'effort hitlérien d'extirpation du « virus juif » de la culture européenne, mais il récuse fermement toute définition biologique dudit « virus » : l'ennemi, c'est l'« idée juive », le culte du déracinement, l'éthique diasporique, sans attache à la terre, sans substance, qui constitue le cœur du libéralisme atlantiste. À la suite de Heidegger, qu'il traduit, il reproche à Hitler un scientisme exacerbé ayant dénaturé l'élan vital originel du fascisme, privant le nazisme de toute portée universelle.

Car Douguine rejette toute forme de racisme ou d'essentialisme : «Huntington a tort : ce n'est pas un clash entre les civilisations, mais un clash binaire, entre deux idéologies, deux forces qui traversent toutes les civilisations», dit-il lors d'une rencontre fascinante avec le théoricien islamiste Sheikh Imran Hosein, disponible in extenso sur le site d'Alain Soral. Les deux idéologues contre-révolutionnaires prônent l'alliance de la Russie et de l'Oumma contre l'Occident, avec l'Europe comme champ de bataille à venir.

Douguine livre une version radicale, épurée de toute précaution diplomatique, de l'idéologie qui sous-tend les politiques de plus en plus anti-occidentales du régime russe. En mars 2014, il publie sur sa page Facebook un long «scénario du Printemps russe en 10 points» qui dévoile, avant qu'elle ne soit mise en œuvre, la stratégie russe en Ukraine : annexion de la Crimée, lancement de la guerre en «Nouvelle Russie» (autrement dit : l'Ukraine de l'Est) par des mercenaires et des «volontaires», intervention massive des troupes régulières russes pour repousser les contre-offensives ukrainiennes. Tout ce qui est arrivé et que nos dirigeants n'ont pas vu venir était écrit. Ce texte nous éclaire sur les visées finales de l'invasion en cours : «La Russie ne s'arrêtera pas là, amplifiera ses actions en Europe, se posant en élément central de la révolution conservatrice européenne. » Vue de Moscou, la guerre en Ukraine n'est pas un conflit local, mais une étape dans un affrontement entre deux visions du monde dont les soutiens respectifs s'opposent dans nos pays lors de nos élections.

L'influence croissante de Douguine saute aux yeux dans les grands discours récents de Vladimir Poutine qui reprennent ses mots, ses concepts, son style même. Le 19 septembre 2013, lors de la réunion annuelle du Club Valdaï, prenant acte de « l'échec des gouvernances post-politiques qui considèrent le gouvernement comme un logiciel d'ordinateur », le Président russe appelle à « rétablir le pouvoir des idées contre les logiques du marché » et livre un vibrant plaidoyer qui peut servir de manifeste commun à tous les courants de l'extrême droite européenne : « Les pays euro-atlantiques rejettent et oublient leurs racines, y compris leurs racines chrétiennes qui forment pourtant la base de leur civilisation. Ils renoncent à tout fondement moral, nient toute identité nationale, religieuse ou sexuelle. Ils suivent des politiques qui mettent un trait d'égalité entre les familles nombreuses traditionnelles et les unions de personnes du même sexe. Les excès du politiquement correct entraînent en Occident la promotion de la pédophilie. [...] Et ils entendent imposer ce modèle à tous. Cela nous mène à la décadence et à une crise morale terrible [...] à la perte de toute dignité humaine.»

Le ton apocalyptique, la vision d'un continent dénaturé, le récit d'un suicide collectif : l'ethos réactionnaire trouve en Poutine son héraut sur la scène globale. Derrière les photos du tsar pêchant torse nu, matant un tigre blanc ou pilotant un avion de chasse, sous les poses machos et les discours martiaux, un véritable projet idéologique a vu le jour. Les millions d'euros qui pleuvent sur l'extrême droite européenne n'ont rien à voir avec les caprices d'un oligarque ou d'un émir se payant un club de foot. Financer le FN, faire descendre dans les rues de Tbilissi des groupes homophobes ou envoyer des tanks dans le Donbass : tout cela fait partie de la même croisade théologico-politique contre la Babel post-identitaire dans laquelle nous vivons.

Dans un monde en proie au chaos, alors que les démocraties européennes doutent d'elles-mêmes et ne parviennent pas à réinventer leur discours, l'alliance des forces réactionnaires fait peser sur nos systèmes politiques une menace plus dangereuse que l'islamisme. Les attentats terroristes désarçonnent, ébranlent, désolent nos sociétés. Mais ils ne sont le prélude à aucune prise du pouvoir en France ou ailleurs en Europe par l'islam politique, hormis sous la plume de Houellebecq. Par leur effet déflagrateur, ils peuvent par contre contribuer au triomphe de mouvements d'extrême droite sifflant la fin de nos modes de vie et de nos principes. Face aux Kouachi d'hier et de demain : le recours Le Pen ? Face à Daech : le modèle Poutine ? L'alternative risque de précipiter nos démocraties sans récit ni projet dans l'abîme.

Le sursaut ?

« Ne pas les laisser enlaidir le monde »

Paris, clinique Bizet, le 4 novembre 2014.

« Ce qu'ils veulent au fond – et c'est ce que je leur reproche depuis toujours – c'est enlaidir le monde. » Je rappelle à Abdelwahab Meddeb, poète et philosophe d'Orient et d'Occident, ce qu'il m'avait dit des islamistes après la destruction des mausolées de Tombouctou. Cloué sur son lit d'hôpital par un cancer foudroyant, il n'a rien perdu de sa vigueur intellectuelle. Mais parler relève désormais pour lui d'un effort surhumain et il me fait signe d'approcher :

« Oui, c'est exactement cela : ils veulent enlaidir le monde en supprimant l'équivocité, en abolissant le mélange. Ils veulent tout réduire à un sens et un visage uniques. Et ils ne sont plus les seuls. Aujourd'hui leur folie gagne l'Europe. Le monde s'engage dans un va-et-vient suicidaire entre la laideur islamiste et la laideur nationaliste, la France elle-même… »

Il s'arrête pour reprendre sa respiration. Toute sa vie, il erra entre deux rives, prenant garde de ne jamais accoster nulle part car « la beauté est dans l'entre-deux ». Voir le pays de Voltaire céder aux sirènes identitaires, répondre à Ramadan avec Zemmour, ou contrer al-Qaradâwî avec Buisson, le bouleverse : « Leurs succès conjoints signent notre défaite à quatre mains... As-tu remarqué à quel point leur rapport aux femmes est semblable ? Ils n'aiment pas la beauté, voilà tout, ils en ont peur probablement... », dit-il en regardant amoureusement sa femme Amina et sa fille Hind, assises à son chevet.

Il sourit quelques secondes, puis ses yeux d'un bleu quasi translucide me transpercent. Il se redresse :

« On s'entend très bien toi et moi mais, au fond, on ne se comprend pas encore vraiment.

– Mais si, je te jure que l'on se comprend parfaitement...

– Non, écoute-moi : on ne se comprend pas encore. Il faut apprendre à trancher. Ce que j'ai essayé en islam, tu dois le faire ici, dans ton environnement culturel, politique, penser contre ceux qui t'enracinent et t'enlaidissent, contre toutes les communautés, juives, chrétiennes, nationales ou religieuses. Contre la transmutation occidentale de cette maladie de l'islam qu'est le repli sur soi. Le cancer gagne Paris et Jérusalem aujourd'hui comme il a rongé le monde musulman depuis longtemps déjà. Et face à cela, quoi ? Qui ? Des gens qui se laissent vivre, qui ne tranchent pas. Trancher : le peux-tu ? Ta génération le peut-elle ? »

«Trancher», pour éviter la partie de ping-pong mortifère entre le zemmourisme et le salafisme, entre les réactionnaires des deux rives, les communautés qui se perçoivent d'un bloc, les idéologies du repli. «Trancher» et non plus « se laisser vivre ».

Deux jours plus tard, Abdelwahab Meddeb est mort. J'ai reçu un SMS d'une amie algéroise : « Il part au plus mauvais moment, alors que vous devenez aussi cons que nous. »

Notre combat

Pendant que nous nous « laissions vivre », les nationalistes, les xénophobes, les porte-parole de communautés soi-disant homogènes, les obsédés du complot, les ennemis du melting-pot ont saisi les mégaphones que leur tendait l'époque, imposé leurs questions, leurs réponses, leurs visions. Nos élites apolitiques ou post-politiques ont laissé faire, laissé passer. Ce qui devait arriver arriva : la force d'inertie cessa d'opérer, les garde-fous disparurent, les digues cédèrent. Les verrous ont mis longtemps à sauter mais, ensuite, la submersion fut instantanée.

L'enquête du Cevipof déjà citée est particulièrement éclairante lorsque l'on compare les données de décembre 2013 à celles de décembre 2009. 49 % des Français voyaient trop d'immigrés sur notre territoire en 2009, ils sont 67 % en 2013. 32 % disaient vouloir rétablir la peine de mort en 2009, ils sont désormais 50 %. Et alors qu'en 2009, une majorité de citoyens pensaient que la France devait « s'ouvrir au monde », ils ne sont plus que 23 % à le penser en 2013.

L'heure du repli généralisé a sonné. Aujourd'hui, seuls 35 % des Français estiment qu'être membre de l'Union Européenne est « une bonne chose ». Ils étaient 47 % il y a cinq ans, et une majorité écrasante il y a dix ans. Ce n'est plus l'euro ou telle ou telle politique de Bruxelles le problème, mais l'appartenance à l'UE, la construction européenne en elle-même. En quatre ans, l'opinion a basculé sur tous les sujets. Zemmour et Le Pen ont conquis la « majorité idéologique » dont parlait Alain de Benoist. L'état d'urgence intellectuel et politique doit être proclamé.

Il est un point sur lequel les idéologues réactionnaires ont fondamentalement raison : le triomphe du marché et la fable de « la fin de l'Histoire » ont noyé la politique dans la gestion, les concepts dans la mélasse des interprétations, inaugurant une sorte d'état post-politique de l'humanité. Combattre la contre-révolution culturelle en cours ne peut donc passer par la défense des élites et des institutions en place. Défendre la politique existante, européenne ou française, n'a d'ailleurs aucun sens car elle n'existe pas à proprement parler, si l'on définit la politique comme la mise en pratique d'une vision du monde.

La « politique » actuelle du PS et de l'UMP repose précisément sur l'absence d'une telle vision. Elle est devenue une antenne de la com, au même titre que la pub, et ne peut en aucun cas freiner la déferlante réactionnaire. Au contraire, elle l'amplifie. Sans doute honteuses d'une vacuité intellectuelle dont elles ont vaguement conscience, nos élites reculent sur tout. Elles « prennent le pouls de la population » et promettent l'abolition de Schengen. Elles écoutent les « remontées du terrain » et, l'air grave, le menton en avant, proclament que vingt mille Roms menacent la République. Bientôt, elles discuteront de la peine de mort pour les terroristes comme Le Pen les a invitées à le faire dès le lendemain de l'attaque contre *Charlie Hebdo*.

Elles sont « démocrates » puisqu'elles suivent le « peuple », c'est-à-dire les sondages. Elles mènent « démocratiquement » la démocratie dans le mur. Les enquêtes d'opinion enregistrant les résultats d'une lutte idéologique préalable, l'avenir est tout tracé : si les réactionnaires demeurent les seuls à combattre, les sondages refléteront de plus en plus leurs idées et les dirigeants des « partis de gouvernement » céderont de plus en plus de terrain, au nom du respect des électeurs. Ce qui se traduira à nouveau par la progression des points de vue réactionnaires et donc... On appelle cela un cercle vicieux.

Un cercle vicieux – par définition – ne peut être brisé que par l'intervention d'un acteur qui en rejette la logique ou l'ignore purement et simplement. La boucle ne peut être rompue que par un objet *tranchant*, une conviction, un idéal. Précisément ce qui fait défaut aujourd'hui. Tout le monde étant a priori d'accord sur le fond, nous avons résumé la démocratie à des débats d'ordre technique : comment optimiser tel ou tel type de gouvernance ? Quel âge pour la retraite ? Combien d'heures dans la semaine de travail ? Puisqu'une force magique présidait à nos destinées – la « main invisible » du marché ou le sens de l'Histoire –, nous avons cessé de penser la société ouverte dans laquelle nous vivions comme un projet à définir, alimenter, porter.

Il est temps de s'apercevoir que tout le monde n'est pas d'accord sur le fond et qu'aucune force magique ne guide nos pas. Il est temps de redécouvrir que la République n'est ni acquise ni innée, qu'elle est une conquête, une construction politique, sociale, idéologique. Couper la tête de Louis XVI n'a pas suffi pour enraciner la République, il a fallu un siècle de luttes pour l'« hégémonie culturelle » avant qu'elle ne s'installe durablement. L'abandon du combat menace de la détruire.

Deux guerres mondiales, des dizaines de millions de morts et un génocide furent nécessaires pour que les nations européennes renoncent au virus de la haine et décident de s'unir. L'édification d'un continent libre et pacifié est la grande aventure des soixante-dix dernières années. Elle n'est ni évidente, ni définitive. La démission des élites et l'indifférence des citoyens risquent de la réduire en cendres.

Rien de ce qui nous entoure et que nous aimons sans y prêter attention n'est naturel. Tout demande, suppose, exige notre engagement. Le règne de la distance et de la dérision touche à sa fin. Entre le dogmatique réactionnaire pour qui tout produit toujours le même sens et le politicien postmoderne pour qui rien ne fait plus vraiment sens, ou l'éditorialiste pour qui tout n'est qu'interprétation, il y a la figure du citoyen engagé, celui qui est descendu sur les places de Tahrir, Maïdan ou de la République, sans chapelle ni dogme, armé de ses principes et de la conscience aiguë qu'il lui faut les faire vivre.

*

Face à la déferlante réactionnaire en cours, le premier geste civique à accomplir est l'affirmation d'un refus. Dire « non », rejeter les grilles de lecture qu'on nous propose et les questions qu'on nous impose : voilà ce qui permet la lutte.

Conscient que les sondages reflètent des rapports de forces politico-culturels, le citoyen engagé accepte de prendre de front l'opinion majoritaire à un instant T si ses idéaux sont en cause. Lorsqu'un consensus se dessine pour faire des Roms un problème national, il dit simplement « Non ». Le Rom est emblématique car il est la cible la plus facile, donc la première visée par la nouvelle doxa réactionnaire, celle sur laquelle s'expérimente à peu de frais l'inversion des principes républicains. Il n'a aucun poids électoral, aucune communauté constituée ne le soutient. Les médecins peuvent refuser de le soigner, les immigrés des HLM voisinant ses campements de fortune peuvent se venger sur lui de leurs propres frustrations, les Juifs peuvent ignorer leur ancien compagnon de déportation, et ainsi de suite. Seul l'homme armé d'un minimum de convictions refuse d'abdiquer l'universalité des droits sur l'autel de dix sondages et cinq faits divers.

Nous ne pouvons nous laisser imposer des débats qui n'ont pas lieu d'être ou des mots qui obscurcissent d'emblée nos principes. Comment avons-nous pu accepter, par exemple, que le terme d'islamophobie remplace progressivement celui de racisme dans notre lutte contre les mouvements xénophobes et notre défense des minorités stigmatisées ?

Pour combattre Pegida et l'extrême droite, la notion d'islamophobie est plus qu'inopérante : elle est contre-productive. Soudainement, Renaud Camus, Aymeric Chauprade ou Éric Zemmour se voient affublés du même qualificatif que des penseurs antireligieux ne pouvant être suspectés du moindre racisme, comme Michel Onfray. La confusion règne et le virus xénophobe prolifère sans être identifié. Il nous faut au contraire débusquer, cerner, combattre ce qui relève du racisme et le dissocier à nouveau de ce qui n'est qu'une critique, parfois blessante et abrupte, d'une religion.

Pegida prétend lutter contre l'islamisme ? En réalité, le mouvement propage la haine des immigrés. Interrogée par Rue 89, Melanie Dittmer, la figure de proue des manifestations allemandes venue à Paris lancer la branche française de Pegida, tombe le masque en moins de deux minutes. Le journaliste Thomas Huchon lui pose une question sur un fait religieux : « Cela vous dérange qu'il y ait tant de mosquées ? » Elle répond sur un autre plan : « Oui, je n'aime pas ça. Un peu, ça va, mais là, c'est trop. Cela crée une société parallèle, et en plus, ils ne sont pas intégrés. C'est un problème. Quelques restaurants Doner Kebab, ça va... J'aime bien manger un kebab, de temps en temps... Mais trente dans la même ville, comme à Bonn ou à Cologne, c'est trop, car après, nous perdons notre identité. »

Le va-et-vient entre la mosquée et le kebab, la foi et l'identité, entre l'islamisme et les populations d'origine étrangère, voilà ce que le terme d'islamophobie ne permet pas de comprendre et de combattre. Il convient aux racistes, à qui l'on offre naïvement la possibilité de se faire passer pour des esprits voltairiens, et à ceux qui veulent faire taire toute critique radicale des religions, comme Tariq Ramadan et ses disciples. Il ne convient pas au combat républicain. Revenons donc à notre lutte contre la xénophobie et le fanatisme.

L'engagé tranche dans ses propres mots, défend ses grilles d'interprétation du monde. Et il ne fait pas d'impasse. La logique réactionnaire pouvant avoir plusieurs visages, animer des corps que tout semble opposer, il les affronte tous de la même manière. Il combat le fondamentalisme musulman et les discours racistes dans le même mouvement, avec une vigueur, une ardeur similaires. Ne cédant rien ni à l'un ni à l'autre, ne prenant jamais prétexte de l'un pour oublier ou dissimuler l'autre. L'engagement républicain rompt dans le même mouvement avec la « ramadanisation » et la « zemmourisation » des esprits.

Le « non » originel, le rejet du langage de l'adversaire, le refus des grilles de lectures imposées sont les conditions de possibilité de toute lutte intellectuelle ou politique. Mais ils ne suffisent pas. Il faut ensuite produire un récit, porter des principes, raconter une histoire. Les réactionnaires réussissent parce qu'ils livrent clés en main un système d'explication du monde, un discours cohérent sur le réel, la promesse d'un changement radical. Qu'avons-nous à offrir en lieu et place de leur vision ? Pourquoi combattons-nous ?

*

Nous combattons pour la société ouverte issue des Lumières. Nous vivons dans une nation et une république qui sont en elles-mêmes un discours. Il nous faut revisiter, actualiser, reprendre ce récit. La France de Voltaire, de la Révolution, de La Boétie, de Montaigne, de Rabelais, de *Charlie* ne peut devenir le terrain de jeu des haines identitaires si l'on recommence à la dire et à la vivre.

Notre nation a toujours été un récit littéraire. Dans un monde en insurrection permanente, brouillant les repères et mêlant les identités, prenons comme boussoles les figures qui ont incarné ce récit au cours des siècles et qui embrassent le mélange, l'ouverture, le vivre ensemble attaqués aujourd'hui de toutes parts. Aux partisans d'une identité nationale figée, opposons Candide, l'orphelin qui parcourt la terre en jonglant avec les philosophies, les religions, les nationalités, les statuts sociaux. Ne soyons impressionnés par aucun manuel de francitude pour les nuls car l'histoire culturelle, politique, idéologique de notre pays parle pour nous. La France fut-elle dite, écrite, faite par Voltaire ou de Maistre ? Hugo ou Maurras ? Proust ou Barrès ?

Aux esprits qui confondent nation et racines, opposons le patriotisme mystique de la mère de Romain Gary dans *La Promesse de l'aube* qui, du fond d'un ghetto polonais ne constituant pour elle qu'une étape sur la route d'une France fantasmée, célèbre le pays de l'émancipation universelle et jure à ses voisins que son fils deviendra ambassadeur de la République. Pourquoi la France était-elle capable d'enthousiasmer une pauvre Juive fuyant la guerre et les pogroms de sa Russie natale ? Précisément parce qu'elle était une « promesse » faite au monde et non un amoncellement de racines, de clochers ou de tombes.

Qui figurait sur l'Affiche rouge placardée par l'occupant et ses collabos ? Un Arménien, des Juifs d'Europe de l'Est, un Italien opposé à Mussolini, un Espagnol réfugié du franquisme. Les résistants de la Main-d'œuvre immigrée (MOI) mouraient pour la France quand les parangons de « francité », prenant leur arbre généalogique pour un certificat de patriotisme, la trahissaient. Les autorités allemandes et pétainistes voulaient montrer que la résistance était le fait « d'étrangers », ils mettaient en image sans le savoir le cœur même du récit national. Manouchian, Rajman, Alfonso et les autres n'avaient pas une goutte de sang « français » et ils versèrent le leur pour la France. Pourquoi ? Parce qu'elle était plus qu'un sol sur lequel ils avaient échoué, elle était une idée qu'ils avaient épousée, un livre ouvert qu'ils voulaient contribuer à écrire.

Pourquoi, faisant rêver hier une pauvresse au fond d'un ghetto à Vilna, la France ne parvient-elle plus à parler à des jeunes gens nés sur son sol ? Parce qu'elle ne sait plus quoi dire, quoi promettre. Elle a perdu le fil de son propre récit. Y revenir avec les yeux de notre siècle nous permet de retrouver la foi républicaine qui nous fait défaut.

Si nous pouvons tirer une leçon de notre histoire, c'est que rien chez nous, Français, ne relève de l'essence, que rien n'est ni inné, ni définitivement perdu, que tout est constamment à faire, défaire, refaire. Pierre Mendès France proclamait en 1957 : « La République se construit sans cesse, elle ne peut qu'être éternellement révolutionnaire, à l'encontre de l'inégalité, de l'oppression, de la misère, de la routine, des préjugés, éternellement inachevée tant qu'il reste des progrès à accomplir. » Comme il reste toujours des « progrès à accomplir », la République est consubstantiellement « inachevée » et « révolutionnaire ». Elle est un projet d'émancipation sans début ni fin, un chantier permanent. Quel message correspond plus à notre monde horizontal que cette « éternelle » révolution républicaine ? En se figeant dans le marbre, notre République meurt. En se pensant, se disant, se vivant comme un perpétuel devenir, elle est la réponse que nous cherchons aux défis du temps.

Seul le retour au message républicain originel permettra d'intégrer les populations venues en France avec leurs propres bagages culturels. Il ne s'agit pas pour les immigrés de vider leur sac à l'entrée afin de s'imbiber d'une supposée essence française qui n'existe pas. Il s'agit d'adopter l'attitude correspondant à l'entreprise collective d'émancipation qu'est la République. Non pas oublier ou renier son héritage, mais s'approprier un état d'esprit, non pas absorber des connaissances, mais faire sienne une conscience politique, civique, éthique : « la tête bien faite plutôt que bien pleine » chère à Montaigne. Celui qui a compris Voltaire n'a pas besoin de connaître la date du baptême de Clovis.

Il est commun de dire que l'intégration des immigrés se passe moins bien aujourd'hui que, par exemple, à la fin du XIXe siècle ou au début du XXe. C'est passer un peu vite sur les difficultés rencontrées par les Italiens ou les Juifs d'Europe de l'Est à leur arrivée, mais admettons. Les penseurs réactionnaires l'expliquent par la nature des immigrés à intégrer : les Italiens étaient chrétiens, les Juifs européens, les Maghrébins et les Maliens sont musulmans et africains. Sans nier les différences et les difficultés spécifiques, le principal problème est ailleurs : à la fin du XIXe siècle et au début du XXe, la République se disait et se vivait comme un projet fédérateur. Elle a cessé de le faire. Quand le récit national, le projet commun, l'aventure politique ne sont plus mis en mots ni en pratique, à quoi voulez-vous vous intégrer ?

Des représentants aphasiques, des institutions déphasées, une croissance économique en berne, des inégalités de plus en plus grandes et, surtout, une mobilité sociale de plus en plus restreinte : le cocktail désintégrateur actuel est explosif. Quand la dynamique collective disparaît, il ne reste plus que les inerties. Les gens tombent en dépression : les Français sont, selon toutes les enquêtes d'opinion, parmi les plus pessimistes du monde, non pas sur leur sort personnel, mais sur l'état et l'avenir de leur pays. Ceux qui sont déjà intégrés, culturellement, socialement, économiquement, s'en sortent plus ou moins car ils n'ont pas besoin de conquérir une place, d'ouvrir un espace, d'investir un champ nouveau. Les autres, parqués dans des banlieues, isolés dans des villages, exclus culturellement autant que socialement, se raccrochent à ce qu'ils ont ou plutôt ce qu'ils croient avoir. Ils sont des proies aisées pour le premier marchand d'identité venu, qu'il soit d'extrême droite ou islamiste. Quand le discours émancipateur disparaît, restent les héritages fantasmés. Quand Voltaire se tait, Le Pen et al-Qaradâwî parlent.

Le problème et la solution sont d'abord dans l'attitude. Celle de la puissance théoriquement intégratrice et celle de la conscience à intégrer. Le débat entre assimilation et intégration est secondaire : l'enjeu est moins la quantité de bagages culturels à amener ou à rejeter que la formation d'un esprit critique capable d'apposer sa signature au bas du récit commun. Pour cela, encore faut-il qu'il s'écrive autre part que sur un terrain de foot.

Cette attitude, cette aptitude au récit commun, c'est d'abord l'école qui la transmet. Quand on sait que l'éducation nationale est ce qui a réellement fondé la République, entendre le Président Hollande clamer qu'il faut «rétablir la République à l'école» souligne l'étendue du problème. Si la République a quitté l'école, elle a tout quitté, à commencer par elle-même. Il a raison de le dire : les valeurs républicaines ont trop longtemps été bafouées, elles doivent être réaffirmées, sans faiblesse ni compromis. Reste à savoir comment le faire.

Juste avant son discours magnifique à l'Assemblée nationale, trouvant les mots et le ton pour dire le trouble collectif et la nécessité de défendre nos principes, le Premier ministre Manuel Valls a rencontré les recteurs. Il leur a ordonné de ne plus tolérer la moindre expression antirépublicaine dans les enceintes scolaires. Il a insisté sur la question clé de l'enseignement de la Shoah : si on ne peut plus faire cours sur le génocide des Juifs sans susciter sarcasmes ou rejets, alors autant abandonner l'idée de former des citoyens. Les recteurs ont aussitôt répercuté le message de fermeté aux proviseurs de collèges et lycées qui ont à leur tour rassemblé leurs enseignants : le temps de la République conquérante est revenu, vous ne cédez plus sur rien, vous sanctionnez le premier qui refuse d'écouter, vous faites entrer Auschwitz dans leurs têtes. Salutaire. J'imagine l'angoisse des profs : oui, bien sûr, on est pour, la République, l'enseignement de la Shoah, ne plus reculer, mais, concrètement, comment fait-on ?

Si l'argument d'autorité est nécessaire, il n'est pas suffisant. Ne plus rien céder sur le fond est essentiel, mais on ne peut se contenter de la sanction. Il faut imposer la République avec des mots qui soient audibles par ceux à qui l'on s'adresse, des jeunes en rupture de ban et néanmoins ultra-connectés. Guillaume Caillaud, professeur au collège d'Ifs dans le Calvados, remarque fort justement dans *le Parisien* du 23 janvier 2015 : « À l'heure où les enfants accèdent en deux clics à toutes les informations possibles, nous ne sommes plus les seuls détenteurs de la connaissance. Notre autorité d'expert s'est émoussée. Il faut installer une autorité relationnelle avec les élèves.» Leur taper sur les doigts, ou même sur la tête, ne les empêchera pas d'aller trouver la confirmation de leurs divagations sur le Web. Il faut marquer le coup, exclure parfois, mais aussi entrer en «relation», convaincre. Y compris sur la Shoah.

Comment faire comprendre le génocide des Juifs à des esprits contaminés par le complotisme et se méfiant a priori d'autorités qu'ils imaginent hostiles ? Les survivants des camps sont vieux et vont bientôt disparaître. Les professeurs ne sont pas formés pour et leurs paroles sont souvent perçues comme celles du «pouvoir». Ils ont besoin d'aide. Qui peut dire Auschwitz en termes contemporains et être entendu ?

Lorsque notre documentaire sur le génocide des Tutsis du Rwanda fut projeté dans des écoles et des associations de quartiers dits «sensibles», je fus fasciné par l'écoute quasi religieuse dont bénéficiaient les jeunes rescapés qui nous accompagnaient. Pas un mot, pas un sarcasme. Les survivants tutsis faisaient spontanément référence à la Shoah, pour démonter les logiques de haine qui sous-tendent tout projet génocidaire. Ils étaient à peine plus âgés que les collégiens ou lycéens qui leur faisaient face, ne pouvaient être suspectés d'être les maîtres cachés du monde ou de représenter la moindre autorité. L'identification avait lieu et ils étaient écoutés. Pourquoi ne pas inviter ces rescapés dans nos classes et les faire parler de leur expérience, de la Shoah, de l'antisémitisme, du racisme, des ressorts mentaux, politiques, idéologiques qui conduisent à Auschwitz ? Un Rwandais de trente ans dénonçant le négationnisme et le racisme d'une réflexion, d'une remarque, d'une question, ou proclamant « Je suis moi-même un déporté juif », a – on peut le regretter, mais c'est ainsi – plus d'autorité sur ces questions auprès de l'audience ciblée que le seul professeur.

Redevenir fermes ne doit pas nous interdire d'être efficaces, donc de chercher à comprendre les individus auxquels on s'adresse. Non pas pour excuser leurs délires, mais précisément pour les ramener à notre raison. Les jeunes des quartiers qui crient « Nique la République ! » doivent être punis. Ils doivent aussi saisir que le désir de République est ce qui, dans leurs pays d'origine plus ou moins lointaine et dont ils se prétendent si fiers, pousse des gens à peine plus vieux et bien plus défavorisés qu'eux à descendre dans les rues, à prendre en main leur destin et à risquer le peu qu'ils ont, leur vie. Pour « rétablir la République à l'école », il serait illusoire et vain d'isoler l'école du monde. Au contraire, faisons le rentrer plus encore dans les salles de classe, un monde vu avec le filtre républicain. Discutons du 17 janvier 2010, des révolutions arabes, invitons des acteurs de ces insurrections à échanger avec les élèves sur la démocratie et la citoyenneté.

Devenir républicain, c'est découvrir ce qu'il y a d'universel en l'autre (le calvaire des Juifs par exemple) et en soi. La République ne peut demander à un enfant d'origine tunisienne d'oublier la Tunisie pour être français. Elle doit l'aider par contre à voir son héritage tunisien à travers des lunettes républicaines. L'actualité traitée ne peut se limiter au 11 septembre 2001 et au 7 janvier 2015. Il y a Tunis et Tahrir. Il y a les textes des journalistes ou écrivains algériens morts pour la liberté. La République à l'école filtre l'extériorité au lieu de l'abolir. La solution des blouses et des coups de règle ne marchera pas.

L'école est cruciale, mais tout ne peut reposer sur elle. La constellation de ghettos qu'est devenue une partie de notre territoire rend nécessaires des projets capables de sortir nos jeunes de leur environnement. Le service militaire assumait jadis une fonction de brassage républicain. Des adolescents issus de villages isolés ou de quartiers sensibles devenaient des hommes, des citoyens en rencontrant des gens qu'ils n'auraient jamais croisés sinon et avec lesquels ils formaient pourtant un même peuple. L'institution était inadaptée à l'époque et ne remplissait plus vraiment sa mission : elle fut abolie, il n'est pas question d'y revenir. Mais rien ne vint la remplacer. À aucun moment de son existence, un jeune Français n'est tiré de force de son univers social ou culturel.

Le déracinement, même éphémère, doit être obligatoire et universel. Sans exception : filles comme garçons, riches comme pauvres, banlieusards comme villageois ou habitants des beaux quartiers, tous doivent sortir de leur milieu. Seul un service civil ou civique peut remplir le rôle autrefois dévolu au service militaire. Chaque citoyen français, à sa majorité, devra un laps de temps à la communauté nationale, aux autres. Et à soi-même. De l'engagement humanitaire au soutien scolaire en passant par l'aide aux personnes âgées, les tâches sont innombrables. Un tel projet coûtera cher ? Tout est une question de priorités. La France menace d'imploser, de se perdre et c'est sa jeunesse qui la sauvera ou la fera crever : la cause ne mérite-t-elle pas de repousser drastiquement l'âge de la retraite, d'instaurer une nouvelle taxe ou de rogner sur d'autres dépenses ?

On objectera que la méfiance, les clivages sont si profonds que six mois passés hors de son milieu social ne suffiront pas, que le déracinement n'aura pas véritablement lieu si le jeune citoyen n'est pas projeté dans une réalité plus différente qu'un simple changement de ligne de métro ou de gare SNCF. Possible. Faisons-le au niveau européen alors ! Universalisons Erasmus et ne le limitons plus aux études. Transformons Erasmus en service civique européen. Impossible ? Trop cher ? Là encore, tout est affaire de priorités. Le budget de la politique agricole commune (PAC) est actuellement de quarante-cinq milliards d'euros par an. Dans le projet de budget européen pour 2014-2020, le programme « Erasmus » légèrement élargi et abusivement renommé « Erasmus pour tous » se verra doté d'à peine plus de deux milliards par an. Vingt fois moins que la PAC, dont les résultats – productivisme effréné, concurrence déloyale avec les agricultures des pays en voie de développement – sont contestables. Les élites françaises et européennes doivent faire des choix. Or, voilà précisément ce qu'elles ne veulent plus, ne savent plus faire.

*

Nous combattons pour une véritable démocratie européenne. Les problèmes sociaux, politiques, culturels que nous connaissons en France ne nous sont pas propres. Les solutions seront trouvées à l'échelle continentale ou ne le seront pas. Les luttes idéologiques qui ébranlent notre pays traversent les frontières tout comme le terrorisme qui le frappe. Notre combat aussi. Le constat est le même sur tout le continent : si notre République a cessé de nous parler, que dire du projet européen ?

L'Union européenne a oublié les mots et les idées de ses pères fondateurs depuis bien longtemps. Une date est emblématique de son aphasie : le 11 décembre 1998. Ce jour-là, un sommet rassemblait à Vienne les chefs d'État et de gouvernement des pays membres. Ils étaient presque tous sociaux-démocrates : Gerhard Schröder, Tony Blair, Massimo D'Alema et Lionel Jospin étaient pro-européens, ouverts, ni trop socialistes ni trop libéraux. Pas un réac, pas un communiste, pas un Berlusconi, pas une Thatcher pour venir gâcher les agapes de la « république du centre » chère à François Furet.

Alors que l'euro était dans les tuyaux, ce sommet offrait une opportunité unique de lancer l'union politique correspondant à l'union monétaire, d'esquisser un modèle social commun, d'envisager un rôle pour l'Europe dans les affaires du monde. L'Amérique de Clinton était du même bord politique, la Russie était en faillite, le continent se réunifiait et la croissance économique y était robuste : toutes les circonstances étaient réunies. Et de quoi nos chers leaders parlèrent-ils à Vienne ? Des magasins *duty free* ! « À 90 % nous avons discuté du *duty free* », regrette après-coup l'ancien président du Conseil italien, Massimo D'Alema.

L'Europe rose pâle, c'était le triomphe de la « raison ». Et la « raison » commandait de « s'occuper des boîtes aux lettres », selon la fameuse définition du socialisme par Michel Rocard. Des boîtes aux lettres et des magasins *duty free*. Elle refusait de construire des châteaux de sable idéologiques, de sombrer dans l'irréalisme, de se laisser aller à l'utopie. C'est cette Europe sans vision ni projet qui fut rejetée dans les urnes en 2005 et 2014.

Nos élites n'ont pourtant retenu aucune leçon. Seize ans après l'échec de Vienne et au lendemain du triomphe eurosceptique du printemps dernier, je croise dans les couloirs de la conférence annuelle de Riga sur la sécurité en Europe un haut fonctionnaire de la Commission européenne que je connais bien pour avoir longuement travaillé avec lui sur ces fameux accords d'association qui allaient précipiter la révolution ukrainienne. Lorsque je m'étonne de l'apathie de Bruxelles face à la détestation croissante que suscite l'UE, il me répond calmement : « Soyez un peu plus réaliste, Raphaël. L'Europe n'est pas aussi romantique que Maïdan le voudrait, mais elle a toujours avancé comme cela, par petits pas le plus souvent ignorés des peuples. Les référendums ratés et la poussée de fièvre nationaliste des élections de mai nous compliquent la tâche. Il va falloir communiquer un peu plus, un peu mieux. Mais, croyez-moi, nous avançons et nous n'arrêterons pas d'avancer comme nous l'avons toujours fait, discrètement, en tenant compte le moins possible des passions politiques. C'est la logique même de la construction européenne, notre raison d'être. »

Leur « raison d'être » : mon haut fonctionnaire post-démocrate et humaniste, éclairé et peu soucieux de l'avis des citoyens, ne peut rien dire d'autre. Il est programmé pour penser, parler comme cela. Il est l'aboutissement d'un apolitisme sexagénaire imposé à la construction européenne par l'Assemblée nationale française le 30 août 1954 lorsqu'elle rejeta la Communauté européenne de défense (CED). Ce soir-là, les députés gaullistes et communistes s'unirent pour interdire à l'Europe de devenir politique et militaire. Elle ne devait, ne pouvait être qu'économique.

Ce n'était pas ce que ses pères fondateurs avaient envisagé pour elle au départ, mais, bonne fille, l'Europe changea de route. En lieu et place de la CED, on signa le traité de Rome en 1957, et l'Europe devint un marché. Puis on signa Maastricht en 1992, et elle devint une monnaie. Les représentants nationaux lui prohibèrent la moindre ambition politique tout en lui demandant de réguler les échanges commerciaux, de surveiller les normes sanitaires, d'accompagner le développement des régions pauvres comme des nouveaux pays membres, d'aider les producteurs, les consommateurs, les pêcheurs, les agriculteurs, les étudiants et tant d'autres. Elle développa une superstructure bureaucratique pour répondre – plutôt efficacement d'ailleurs – à ces requêtes, une superstructure qu'elle prit soin de priver de toute légitimité démocratique, conformément à la volonté souveraine des États. Elle devait s'occuper de tout et de tous, sauf des citoyens et des soldats, des âmes et des cœurs. Son champ d'action se limita donc aux porte-monnaie.

Pareille logique ne fonctionne plus : elle pousse l'idée européenne dans une tombe. Il faut d'urgence revenir à la politique, permettre aux citoyens de trancher. Leur présenter un véritable choix et les laisser décider. Un véritable choix, c'est-à-dire le contraire de l'offre du référendum de 2005 qui proposait la continuation du demi-choix (du non-choix, en réalité) ou le choix du Non. Dans une telle configuration, les électeurs choisiront toujours de choisir, et donc de voter « Non ». L'alternative ne peut qu'être claire, brutale, radicale : créer un espace démocratique européen ou mettre un terme à l'expansion bureaucratique, former un gouvernement économique fédéral ou abandonner l'euro, avoir un pouvoir supranational élu ou ne pas en avoir du tout. L'entre-deux ne fonctionne qu'en abolissant la souveraineté des peuples, la démocratie. Ce qui ne peut, décemment, être la finalité de la construction européenne.

Personne au sein du PS ou de l'UMP n'ose la moindre ambition politique pour le continent. Les deux partis conservateurs qui dirigent la France en alternance se proclament « pro-européens », ce qui en soi ne mange pas de pain. Ils font pourtant tout ce qu'ils peuvent pour détourner les citoyens de l'UE. Ils constituent leurs listes pour le Parlement européen dans le secret des appareils, y recasent les *losers* des suffrages nationaux, placent Nadine Morano tête de liste, font campagne sur des sujets de politique intérieure et s'accordent entre eux, une fois à Bruxelles, pour que tout continue comme avant.

Ils disent vouloir restaurer le lien distendu entre les citoyens et les institutions communautaires : qu'ils commencent donc par désigner d'autres candidats aux élections européennes et selon des méthodes moins opaques que les conciliabules vaticanesques de la rue de Vaugirard ou de la rue de Solferino ! Organiser des primaires pour constituer les listes, fonder de véritables partis transnationaux, comme seuls les Verts s'y essaient plus ou moins, lancer de grands débats continentaux sur des sujets susceptibles de mobiliser les gens, de l'éducation à l'environnement : les possibilités sont infinies, seule la volonté manque.

Les leaders soi-disant « europhiles » se lamentent de l'absence de toute attache émotionnelle entre les citoyens et Bruxelles. Le drapeau bleu, blanc, rouge a traversé le monde, des millions de Français sont morts pour lui, alors que le drapeau bleu étoilé n'est qu'un joli bout de tissu posé dans le bureau du Président Hollande lorsqu'il s'adresse au peuple. Qu'ils saisissent donc les occasions qui s'offrent à eux de le transformer en symbole ! Il y a tout juste un an, des centaines de milliers d'Ukrainiens sont descendus dans les rues avec ce drapeau, pour lui, pour tout ce qu'il représentait à leurs yeux : la liberté, la paix, l'égalité devant la loi. Des jeunes gens sont morts sur Maïdan, pour la première fois dans l'Histoire, en le tenant dans leurs mains. Quel dirigeant européen en a fait grand cas ? Aucun.

L'Europe a un *soft power* immense. Je dois être l'un des seuls citoyens français – avec quelques fonctionnaires de la Commission – à avoir lu l'un de ces fameux accords d'association qui furent à l'origine de la crise géopolitique actuelle entre l'UE et la Russie. Il s'agit de textes abscons, bureaucratiques à souhait. Qui devinrent pourtant, aux yeux des jeunes Ukrainiens, le plus puissant des symboles révolutionnaires. Des milliers d'hommes et de femmes ont risqué leur vie pour signer un tel document. Parce qu'il incarnait l'Europe, la possibilité ou l'impossibilité d'un avenir européen. Le *soft power* de l'idée européenne transforme la novlangue bruxelloise en poésie subversive. Voici la force immense dont nos élites se privent en n'embrassant pas l'idéal démocratique qu'elles incarnent malgré elles.

Oleg, jeune activiste ukrainien avec lequel je fis plusieurs fois le tour nocturne des barricades et des tentes de Maïdan m'a dit, un soir de janvier, après m'avoir traduit l'ode à l'Europe d'une infirmière d'Ivano-Frankivsk : «Nous croyons bien plus en l'idée européenne, en sa force, en son pouvoir, en sa beauté, que vous. Nous avons plus confiance en Bruxelles, Berlin ou Paris que Bruxelles, Berlin ou Paris n'ont confiance en eux-mêmes.» Il avait mille fois raison. Les élites continentales sont résignées. Elles ont abdiqué.

Un an tout juste après l'insurrection de Maïdan, alors que la guerre fait rage, le président Porochenko nomme comme ministres et hauts fonctionnaires des jeunes réformateurs géorgiens et lituaniens. Trois anciens ministres de Saakachvili prennent la nationalité ukrainienne et s'attellent à la refonte de la police et de la justice, à la lutte contre la corruption, à la transformation du système de santé… Saakachvili explique aux étudiants de l'université de Lviv : «La Géorgie hier et l'Ukraine aujourd'hui sont plus que des pays, des États ou des nations, elles sont devenues des idées : l'idée que notre région est européenne et que la liberté peut y triompher, l'idée que nous appartenons à l'Europe des Lumières et non à l'Eurasie de Poutine, l'idée que la démocratie est universelle et qu'elle n'a ni frontières, ni carte d'identité. Nous sommes tous européens, donc nous sommes tous ukrainiens ! » Ces réseaux révolutionnaires, ces solidarités réformistes, ces échanges de passeports se font au nom de l'Europe, pour l'Europe. Sans l'Europe. Car l'Europe ne sait plus parler, penser, oser.

L'élite européenne est la spectatrice, silencieuse et consentante, de sa propre déchéance. Elle ressemble, la beauté en moins, à l'aristocratie sicilienne du prince Salina dans *Le Guépard* : consciente de son déclin, incapable d'évoluer – « Qui nous changera, nous qui sommes des dieux ? » –, elle contemple dans les quelques années qui lui restent à vivre « le visage de l'éternité ». Elle a accepté sa mort prochaine. Et, avec la sienne, celle de l'idée européenne.

L'Europe construite par le « haut » ne peut plus progresser. Et si le projet européen ne progresse pas, il périt. Il mourra donc sans l'avènement d'une citoyenneté européenne, une citoyenneté que seuls les citoyens eux-mêmes peuvent inventer. À commencer par les plus jeunes d'entre eux, qui n'ont connu ni les douanes ni le franc, qui ont bénéficié d'Erasmus, de Schengen, de l'euro et que l'on entend si peu monter au créneau alors que l'Europe est attaquée de toute part.

Dans le *Guardian* du 7 décembre 2014, l'intellectuel anglais Timothy Garton Ash lance un appel à « la génération Erasmus et EasyJet » : si elle ne s'engage pas, « les institutions européennes vont rester ce qu'elles sont, mais en se vidant progressivement de toute substance, comme celles du Saint-Empire romain germanique en leur temps. Et il se peut qu'on n'entende pas la sonnerie du réveil avant qu'il ne soit trop tard (pour les Européens de l'Est, Poutine est cette sonnerie de réveil, mais pas pour les Européens de l'Ouest) ».

Nous ne pouvons plus laisser des élites sans idées ni imagination enterrer chaque jour davantage l'aventure politique la plus importante et la plus excitante de notre temps : l'édification d'une démocratie européenne, l'ouverture d'un nouvel espace politique, libre de toutes les pesanteurs verticales héritées du passé qui alourdissent nos institutions nationales, un territoire qui corresponde enfin à notre époque et à ce que nous voulons en faire.

*

L'immense tâche d'une génération éduquée à ne plus croire aux épopées est donc de renouer avec les grands récits. Nous devons réapprendre à dire et à vivre les idéaux qui constituent nos sociétés et nos démocraties, à concevoir et promouvoir la manière dont nous voulons vivre. Les luttes actuelles étant d'abord « métapolitiques », notre engagement sera médiatique, culturel, social, religieux, éducatif, économique, tout autant que politique. Nous avons laissé l'extrême droite kidnapper Gramsci, reprenons-le à notre compte.

Luttons pour l'hégémonie culturelle partout et toujours. Internet est devenu le terrain de jeu des « complotistes » et des esprits cloisonnés parce qu'ils y affirment leur foi alors que nous avons méthodiquement désossé, dépulpé, dénervé la nôtre. Dieudonné, Soral et les autres n'ont plus besoin de passer à la télé, d'être adoubés par les grands patrons de presse ou filtrés par les censeurs. Leurs vidéos sont vues par des centaines de milliers de personnes, sans la moindre mise en garde ou contextualisation. Être connecté ne rend pas nécessairement ouvert. Ou plutôt : cela rend ouvert à tout, y compris au pire. Une recherche de la Fondation pour l'Innovation politique de 2014 note que plus on passe de temps sur les réseaux sociaux, plus on est sensible aux vieilles phobies racistes et antisémites.

Restaurer la censure ou réimposer des cadres périmés ne marchera pas. C'est un combat perdu d'avance qui ne fera que décrédibiliser les idées que nous voulons défendre. Faire appel aux juges et aux flics ne résoudra rien. La bataille des idées ne se mène pas devant un tribunal. Elle se gagne ou se perd là où le débat fait rage, dans les médias et sur Facebook, dans les facs et sur Twitter, sur les places et dans les rues. Notre monde sera à l'image du Web, qu'on le veuille ou non : un espace plat de confrontation idéologique permanente.

Les micros sont ouverts à tous, sans hiérarchie ni cadre. Dans l'arène triomphent non plus ceux qui ont une chaire, un diplôme ou un titre, mais ceux qui ont une conviction à défendre, à imposer. Tous les mégaphones à notre disposition n'assurent pas l'émancipation de l'espèce du simple fait de leur existence. Ils rendent possibles l'ouverture totale comme le repli absolu. Ils façonnent notre temps. Ne laissons plus les réactionnaires s'en emparer.

N'attendons plus des discours autorisés, des paroles instituées, des acteurs établis qu'ils préservent nos principes et nos modes de vie. Nous maîtrisons la langue du temps, nous sommes nés avec le siècle : personne ne mènera la lutte à notre place. L'heure est venue d'agir.

Table des matières

Introduction. 9

UN NOUVEAU MONDE

Qui est « Charlie » ? 27

« Qui dirige ? ». 33

Sans Dieu ni maître 39

« Vous n'êtes pas prêts » 51

Nos contemporains 61

LA CROISADE RÉACTIONNAIRE

Un suicide français 75

Opération Zemmour 85

« L'anti-mode d'emploi ». 103

L'extrême droite à l'assaut de l'Europe 115

« Abattre le libéralisme » 125

LE SURSAUT ?

« Ne pas les laisser enlaidir le monde » 137

Notre combat 141

Achevé d'imprimer
sur Roto-Page
par l'Imprimerie Floch
à Mayenne en mars 2015

N° d'impression : 88173
Dépôt légal : février 2015
Imprimé en France